1등급으로 가는
공부의
추월차선

최상위권이 되는 실전 학습 로드맵

1등급으로 가는 공부의 추월차선

설공아빠(김성수) 지음

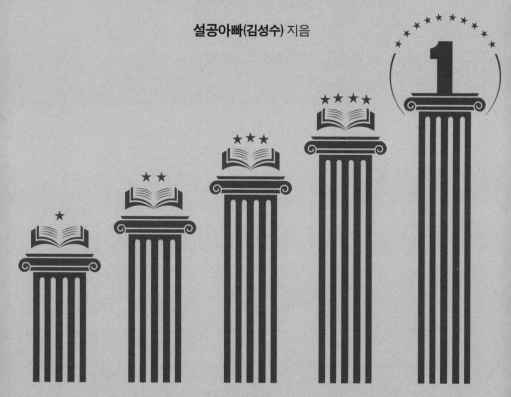

빌리버튼 billy button

"안녕하세요. 설공아빠입니다."

이 인사말은 제가 블로그에 글을 쓸 때 글의 처음에 늘 쓰는 말입니다. '설공아빠'라는 필명에 저의 정체성과 교육철학이 담겨있기 때문입니다. 저는 두 아이를 키우는 아빠이고, 그 아이들을 가르치고 공부를 봐주고 있습니다. '설공'은 '형설지공'이라는 고사성어에서 가져온 말입니다.

옛날에 공부를 하고 싶은데 가난한 사람이 있었습니다. 등잔불을 켤 돈도 없어서 어두워지면 공부할 방법이 없었습니다. 그는 고민하다가 반딧불을 잡아다가 그 불빛에 의지해서 공부를 했습니다. 겨울에는 눈에 반사되어 비치는 빛으로 공부를 했습니다. 이처럼 형설지공이라는 말은 어려운 환경에서도 꾸준히 열심히 공부한다는 의미를 담고 있습니다. 제가 생각하는 이상적인 공부는 '형설지공'과 닮아있습니다. 꾸준히 열심히 한다고 다 공부를 잘할 수 있는 것은 아니지만, 열심히 하지 않으면 공부를 잘하기 힘듭니다. 공부를 잘하려면 환경을 탓하지 말고 꾸준히 공부에 집중해야 합니다.

그런데 똑같은 시간을 공부해도 성적이 더 잘 나오는 사람이 있습니다. 남들보다 덜 공부한 것 같은데도 시험을 잘 보는 사람이 있습니다. 비결이 뭘까요? 좋은 공부법으로 공부하는 것입니다. 어떤 사람은 '타고난 머리'가 좋아야 공부를 잘하는 거 아니냐고 말을 합니다. 물론 머리가 좋으면 공부를 잘할 가능성이 큽니다. 하지만 외고와 서울대를 다니면서 저는 머리가 좋음에도 잘못된 공부법으로 공부를 해서 시험을 망치는 경우를 많이 봤습니다. 선천적인 머리보다 후천적으로 익힌 공부법이 더 중요합니다.

아이들의 공부를 봐주기 시작하면서 저 자신에게 다짐한 것이 있습니다.

"내 아이들의 공부가 헛되지 않게 해주겠다."

제 아이들이 소위 말하는 명문대나 요즘 다들 가고 싶어 하는 메디컬 학과에 가지 못할 수도 있습니다. 입시 결과만을 놓고 보면 '저게 뭐야.'라고 할지도 모릅니다. '아빠가 그렇게 극성이더니 별거 없네.'라는 말이 나올 수도 있습니다. 결과는 제가 정할 수가 없는 것이니까요. '진인사대천명'이라는 말도 있잖아요. 하지만 적어도 공부한 만큼의 결과는 나오도록, 공부한 것보다 조금 더 나은 결과를 받을 수 있도록 해줘야겠다고 생각했습니다. 그 다짐을 지키기 위해 공부법을 연구했습니다. 제가 공부할 때보다 더 열심히 공부법을 분석하고 실질적으로 도움이 될 수 있는 방법들을 고민했습니다.

그 고민과 연구의 결정체가 이 책입니다. 그동안 알려진 여러 공부법 중에서 제가 직접 경험해보고, 제가 직접 적용해보고 그 효과를 확인한 공부법들을 이 책 한 권에 담았습니다. 노력을 배신하지 않을 공부법이 이 책에 들어 있습니다. 이해하는 방법, 모르는 것을 확인하는 방법, 외우는 방법, 반복해서 복습하는 방법, 계획을 짜는 방법, 몰입하는 방법, 체력을 관리하는 방법 등등 좋은 공부법을 모두 정리했습니다.

저와 같은 고민을 하고 있는 학부모님, 지금 공부 때문에 걱정이 많을 학생들에게 도움이 되기를, 이 책을 읽고 이를 실천하는 당신의 노력이 헛되지 않기를 기원합니다.

CONTENTS

공부법이 필요한 순간

이해: 1등급도 이해부터

확인: 1등급은 뭘 모르는지 안다

암기: 안 외우고 1등급 없다

반복: 1등급에 지름길은 없다

계획: 되는 대로 공부하면 1등급은 어림없다

몰입: 집중해야 1등급

체력: 안 아파야 1등급

공부법이
필요한 순간

전교 500등,
공부법을 공부했습니다

외고에 입학했는데 500등입니다

제가 외고에 진학해서 처음 받은 성적표는 전교 500등이었습니다. 입학하자마자 본 진단고사였습니다. 정식으로 내신성적에 포함되는 것은 아니지만 신입생들이 얼마나 잘 준비되었는지를 확인하기 위해 본 시험이었습니다. 당시 전교생은 650명가량 되었습니다. 한 반에 50명 정도씩 13반, 그중에서 500등을 했으니 절대로 좋은 성적은 아니었습니다.

사실 충격적인 성적이었습니다. 500등이라니…. 외고에 진학한 학생 중 그 누구도 그런 성적을 받아본 적이 없었습니다. 그런 성적을 받으러 외고에 진학한 친구도 없었습니다. 저도 마찬가지였습니다.

지금은 특목자사고를 얘기하지만 제가 고등학교에 진학할 때는 외고 아니면 과학고였습니다. 공부 좀 하는 친구 중 문과 성향이면 외고, 이과 성향이면 과학고. 이게 하나의 공식이었습니다. 중학교 때 전교에서 공부 좀 한다는 친구들이 외고와 과학고에 지원했습니다. 다들 학교에서 전교 등수로 한 자릿수를 받던 친구들이 외고와 과학고에 지원하고 합격했습니다. 그 정도 성적이 안 되면 중학교에서 고등학교 원서조차 써주지 않았습니다.

저만 해도 중학교 때 1~2등을 다투었습니다. 공식적인 성적표가 나오지는 않았지만 과학고에 진학한 친구와 외고에 간 저, 이렇게 2명이 1~2등이라고 다들 생각했습니다. 그런 성적을 가지고 외고에 입학했는데 전교 500등이라는 충격적인 성적을 받은 겁니다.

외고에 합격했다는 자부심이 한순간에 무너졌습니다. 외고에 입학할 때는 다들 sky 가는 줄 압니다. 공부 잘하는 애들이 모이는 곳이니까 경쟁이 치열할 거라 예상은 하지만, 그 누구도 경쟁에서 질 거라는 생각을 하지는 않습니다. 전교 500등을 할 줄 알았다면 외고에 진학하지도 않았을 겁니다.

이 성적표를 받고 진지하게 전학을 고민했습니다. 일반고로 말이죠. 동네 고등학교에 가면 전교 1등을 할 수 있을 텐데, 외고에서 이 성적을 받고 어떻게 살아남냐는 걱정이었습니다. 실제로 외고에 다니다가 내신성적이 잘 안 나와서 일반고로 전학 간 학생들이 좀 있었습니다. 저는 전학을 선택하지는 않았습니다. 아직 제대로 공부를 배운 것도 아닌데 전학을 가는 것은 맞지 않다고 생각했습니다. 그래도 한 학기는 해 봐야 하지 않냐고 생각했습니다.

공부할 결심은 했습니다. 포기하지 않고 도전하기로 결정했습니다. 하지만 결심만으로 해결되는 일은 없습니다. 그런데 이제 어떻게 하지? 전학은 포기했고, 공부는 해야 하는데 그전까지 했던 방법으로 안 될 것 같고, 다른 애들은 선행도 많이 한 것 같은데 저는 선행도 별로 안 되어 있어 참으로 막막했습니다.

공부량이 부족했습니다

사실 외고에 대해 제대로 알아보지도 않고 입학시험을 봤습니다. 남들보다 공부를 덜 한 상태에서 운 좋게 외고에 겨우 합격만 한 것입니다. 합격을 했으면 준비를 잘했어야 하는데, '합격뽕'에 취해 외고에서 살아남을 준비를 하지 못했습니다. 그게 문제였습니다.

외고에 합격한 친구들은 선행을 많이 했습니다. 수학을 예로 들자면 고2, 고3 수학까지 선행을 하고 온 친구들이 많았습니다. 요즘도 많이들 보는 수학 교재인 『수학의 정석』을 다 떼고 온 친구들도 있었습니다.

저는 고1 수학 정도까지만 겨우 보고 입학했습니다. 영어는 말할 것도 없었습니다. 영문법 기본서인 『성문기본영어』만 한 번 보고 온 저와 달리 다른 친구들은 영문법 심화서인 『성문종합영어』까지 공부를 했습니다. 외고에서 필수인 제2외국어까지 미리 공부하고 온 친구들도 있었습니다.

기본적인 공부 실력과 학습량이 다른 학생들에 비해 많이 부족했습니다. 공부는 절대적인 학습량을 무시할 수 없습니다. 학습량이 쌓이지 않으면 공부를 잘하기가 힘듭니다. 선행을 하는 이유는 미리 학습량을 충분히 쌓기 위함입니다. 같은 고등학교에 입학했지만 학습량이 부족한 저와 달리 다른 친구들은 서너 발짝 앞에서 출발하는 셈이었습니다. 이런 출발선의 차이를 어떻게 극복할 것인지, 학습량의 부족을 어떻게 따라잡을 것인지가 문제였습니다.

저나 다른 친구들이나 주어진 시간은 똑같습니다. 3년이라는 시간 동안 공부를 하는데, 이미 출발에서 뒤처진 제가 그들을 따라잡을 수 있는 길은 무엇일까? 그런 고민을 많이 했습니다.

공부법을 공부했습니다

결론은 공부법이었습니다. 같은 시간을 공부해도 다른 친구들보다 1% 더 공부할 수 있다면, 같은 분량을 공부해도 다른 친구들보다 1% 덜 시간을 쓸 수 있다면, 그러니까 조금이라도 남들보다 효율적으로 공부할 수 있다면, 그러면 되지 않을까 생각했습니다. 그리고 그런 효율적인 공부법으로 남들보다 더 많이, 더 열심히 공부한다면 적어도 500등은 면하지 않을까 생각했습니다.

중학교 때는 제대로 된 공부법을 몰랐습니다. 그냥 공부해도 성적은 잘 나왔습니다. 동네 보습학원에서 영어와 수학을 배웠는데, 학원 수업과 숙제가 공부량의 전부였습니다. 중학교 내신시험은 벼락치기로 해결했습니다. 초등학교 때도 비슷했습니다. 예습이나 복습, 학습계획 이런 것은 할 줄 몰랐습니다.

제대로 된 운동 방법을 모르고 타고난 피지컬만으로 운동을 하는 선수 같았습니다. 이렇게 피지컬만으로 운동하면 어릴 때는 두각을 나타낼지 모르지만 어느 순간 한계에 다다릅니다. 운동을 더 잘하려면 제대로 된 운동법으로 몸을 단련해야 합니다.

이제라도 제대로 된 공부법을 배우기로 했습니다. 공부를 잘하고 싶어서 공부법을 공부했습니다.

공부법을 공부하고
서울대 법대 갔습니다

<u>공부법 책을 샀습니다</u>

공부법을 공부하기로 결심했는데, 공부법을 어디서 배워야
할지 몰랐습니다. 주위에 공부법을 물어볼 만한 사람이 없었습
니다. 공부를 잘하는 사람은 있지만 체계적으로 공부법에 대해
설명해줄 수 있는 사람은 없었습니다. "나는 이렇게 공부했어."
라는 얘기는 그 사람에게만 유효한 공부법일 수 있습니다. 좀
더 잘 정리된 공부법을 찾고 싶었습니다. 요즘은 유튜브만 검

색해도 공부법에 대해 찾을 수 있고, 공부에 관한 여러 TV 프로그램도 있지만 그때는 그런 것이 없었습니다.

그러다가 서점에서 공부법 책을 발견했습니다. 2권짜리 책이었는데, 단순한 공부법뿐만 아니라 생활습관, 건강, 예습·복습, 암기, 노트 정리 등등 전반적으로 공부를 잘하기 위한 방법을 정리해놓은 책이었습니다. 그 2권을 열심히 읽었습니다. 그 책에 나온 여러 방법을 실천에 옮겼고, 공부하다가 막힐 때면 그 책을 다시 읽으면서 공부법을 새롭게 가다듬었습니다.

지금 와서 보면 이 책에 있는 공부법이 정답은 아니었습니다. 여러 다양한 공부법을 잘 정리해놓았지만, 실험, 뇌과학 연구 등을 통해 검증된 공부법은 아니었습니다. 그럼에도 공부를 어떻게 하면 좋을지, 어떤 길로 가야 합격이라는 목표점에 도달할 수 있는지 너무 막막했던 저에게는 소중한 지도였습니다. 외고라는 망망대해에서 유일하게 의지할 수 있는 등대와 같았습니다.

이 책에서 배웠고, 제가 고등학교 3년 동안 잘 활용했던 공부법이 몇 가지 있습니다. 뒤에서 자세히 설명할 여러 가지 공부법의 기초가 되는 공부법입니다.

정리 노트를 만들었습니다

먼저 나만의 정리 노트를 만들었습니다. 이건 사회와 과학 과목에서 사용하는 공부법인데, 암기가 필요한 과목에는 두루 두루 활용 가능한 방법입니다. 나중에 고시공부를 할 때도 이 공부법을 활용해서 내용 정리를 했습니다.

정리 노트는 바인더 노트를 썼습니다. 바인더 노트는 링바 인더에 노트를 끼워서 정리합니다. 낱장으로 되어 있는 노트에 내용을 정리하고 이를 바인더 노트로 정리하는 방식입니다. 묶여 있는 노트가 아니라 바인더 노트를 사용한 것은 정리한 내용을 자주 수정하거나 추가해야 하기 때문입니다.

정리 노트를 처음 만들 때는 책에 나와 있는 순서대로 만들지만, 공부를 하다 보면 내용을 더 보강하거나 추가해야 할 때가 있습니다. 그런 경우에 일반 노트를 사용하면 편집하기가 힘듭니다. 문제집을 풀거나 시험을 본 후 내용을 추가하려고 할 때 일반 노트라면 포스트잇을 활용하거나 여백에 필기를 해야 하는데, 바인더 노트는 언제든 필요한 노트를 추가할 수 있어서 편리합니다. 이미 공부가 끝난 내용을 제거하기도 쉽습니다. 노트 1장을 완전히 공부했다면 그 페이지를 빼버리면 됩니다.

정리 바인더 노트로 셀프 테스트를 만들어도 좋습니다. 먼저 암기하거나 공부할 내용을 노트에 정리합니다. 만들어진 내용을 바탕으로 OX 퀴즈 또는 빈칸 퀴즈를 만든 후 해당 노트 바로 앞에 추가합니다. 암기 내용을 공부하기 전에 셀프 테스트 노트로 테스트를 한 번 본 후 틀린 부분만 정리 노트에서 찾아서 공부합니다. 이렇게 하면 공부 시간을 굉장히 줄일 수 있고, 틀린 부분의 내용을 바로 확인하기 때문에 기억에 잘 남습니다. 정리 노트와 테스트 노트를 따로 만들면 관리하기가 힘든데 이렇게 하나의 바인더 노트에 정리해두면 한 번에 공부할 수 있습니다.

오답 노트도 만들었습니다

바인더 노트는 오답 노트를 만들 때도 유용합니다. 오답 노트는 문제를 틀린 경우에 만드는데, 이를 일반 노트에 만들면 순서대로 정리하기가 힘듭니다. 오답 노트를 바인더 노트에 정리하면 과목별로 분류하기도 편하고, 순서대로 나열하기도 좋습니다. 연관된 내용을 한데 모아두면 오답 노트 공부 효과도 올라갑니다.

저는 모의고사를 본 후 틀린 문제만 가지고 오답 노트를 만들었습니다. 사실 우리가 푸는 모든 문제집의 오답 노트를 만드는 것은 너무나 힘든 일입니다. 몇 페이지에 한 문제 정도 틀린다면 모르겠지만, 그래도 문제집 오답 노트 만들기는 좀 번거롭습니다. 모의고사 오답만 따로 정리하는 이유는 모의고사는 이런 식으로 정리하지 않으면 관리가 안 되기 때문입니다. 모의고사는 몇 달에 한 번 보기 때문에 시험지를 차곡차곡 모으기도 쉽지 않고, 모아놓아 봐야 쌓이기만 할 뿐입니다.

모의고사를 본 후 틀린 문제는 복사를 해서 바인더 노트에 오려 붙이는 방식으로 정리했습니다. 여기서 중요한 것은 내가 어떤 점을 실수했는지 적어두는 것입니다. 그래야 나중에 같은 실수를 반복하지 않을 수 있습니다. 그냥 오답 노트만 만들어두고 복습하는 것도 굉장히 좋은 공부법이지만, 내가 왜 틀렸는지를 분석해 두면 좀 더 효율적인 공부를 할 수 있습니다.

저는 모의고사 오답 노트를 다시 풀어보는 용도보다는 리마인드용으로 썼습니다. 요즘 말로 하면 메타인지적 공부법입니다. 내가 어떤 것을 틀리는지, 왜 틀리는지를 확인하고 분석하는 용도로 오답 노트를 활용했다는 의미입니다. 그럼으로써 실수를 줄여나가는 공부법입니다.

그리고 오답 노트는 주로 모의고사 전날이나 당일에 활용했습니다. 이런 날에는 새로운 것을 공부하는 것보다 복습을 하는 게 좋은데, 새로운 것을 공부해봐야 기억에 잘 안 남기 때문입니다. 내 실수를 차분히 돌아보는 것이 심리적 안정에도 도움이 되었고, 시험 당일 기억을 떠올리는 데에도 효과를 봤습니다.

시험 당일에 저는 이 오답 노트 바인더만 딱 들고 학교에 갔습니다. 그리고 오답 노트를 보면서 마인드컨트롤을 했습니다. 다른 친구들은 문제집을 풀거나 잡담을 하며 시간을 보냈지만 저는 오답 노트를 들여다봤습니다. 수능 시험 당일에도 마찬가지였습니다. 이게 저의 시험 루틴이었고, 결과는 좋았습니다.

모차르트 이펙트? 음악을 듣습니다

'모차르트 이펙트'라는 말이 있습니다. 모차르트 음악을 들으면 공부에 도움이 된다는 이론입니다. 모차르트 음악이 우리 뇌를 자극해서 더 효율적인 공부를 할 수 있게 해준다는 말입니다.

사실 클래식 음악의 이런 효과에 대해서는 갑론을박이 있습니다. 정말 도움이 된다는 이론도 있고, 별 의미 없다는 이론도 있습니다. 음악을 들으며 공부하는 친구들이 많은데 가요보다는 클래식 음악이 조금 더 낫다 정도는 가능하겠지만, 클래식 음악을 들으면 성적이 오른다고 장담할 수는 없습니다.

그때는 모차르트 이펙트가 유행이었습니다. 모차르트 음악을 담은 음반도 여럿 나왔습니다. 누가 이런 걸 사냐고요? 제가 샀습니다. 학교에서는 음악을 들을 수 없었지만, 집에서는 들었습니다. 모차르트 음반 말고, 자연의 소리를 담은 음반도 사서 들었습니다. 그만큼 공부에 절실했기 때문입니다. '라디오를 듣는 것보다는 그래도 낫겠지?' 하는 마음으로 그런 음반을 들었습니다. 공부에 얼마나 효과가 있었는지는 잘 모르겠습니다. 그래도 마음을 차분히 하는 효과는 있지 않았나, 플라시보 효과는 있었겠지 하고 생각합니다.

이런 음반은 모의고사나 학교 내신 시험 기간에 잘 써먹었습니다. 시험 보는 날 저는 이런 음반을 들었습니다. 이어폰을 꽂고 오답 노트를 보거나 정리 노트를 봤습니다. 시험 보는 날에는 아침에도, 쉬는 시간에도, 점심시간에도 음악을 들었습니다. 시험 보는 날 주위가 너무 시끄럽거나 산만하면 집중하기 어려운데 음악으로 소음을 차단했습니다. 한 과목이 끝나면 쉬는 시간에 "3번 답이 뭐냐?", "수학 왜 이렇게 어려워." 등등 정신을 혼란스럽게 하는 소리가 들리는데, 저는 음악을 들으면서 그런 대화에 끼지 않았습니다. 괜히 마음이 흔들리지 않게 말이죠.

그리고 서울대 법대

고등학교 때 썼던 몇 가지 공부법을 소개했습니다. 이 외에도 저는 공부법 책에서 많은 도움을 받았습니다. 호흡법, 명상법 등 학습 효율을 올릴 수 있는 공부법도 있었고, 과목별 공부법도 좋았습니다.

공부법을 공부하고, 열심히 공부한 결과 저는 서울대 법대에 진학했습니다. 전적으로 공부법 덕분이라고 말할 수는 없지만, 공부법이 있어서 좀 더 효과적으로 공부했다고는 자신 있게 말할 수 있습니다.

전 과목 과외도 소용없던
대치동 고3

과외요? 공부법부터 가르칩니다

과외를 많이 했습니다. 경제적 필요도 있었지만, 가르친다는
게 제 적성에 맞는 일이기도 했습니다. 과외를 많이 할 때는 한
달에 7개의 과외를 한 적도 있습니다. 주말에는 하루에 3~4건
의 과외를 해야 했습니다. 마지막 과외를 할 때가 되면 혀가 잘
안 움직이는 일도 있었습니다.

그렇게 과외를 많이 하면서 성적을 올린 학생도 있고, 성적

에 큰 영향을 주지 못한 학생도 있었습니다. 모든 학생의 성적을 다 올린 것은 아닙니다. 그렇지만 학생이 저를 잘 따라주면 일정 이상의 성과는 냈습니다. 끊임없이 과외를 했던 것은 이런 성과 덕분이었습니다. 과외를 처음 구할 때는 서울대 법대생이라는 타이틀이 도움을 줄 수 있지만, 결국 과외 강사로 자리 잡으려면 성과를 내야 합니다. 성과를 낼 수 있었던 비법은 공부법이었습니다.

저는 과외를 할 때 제가 경험한 공부법부터 가르쳤습니다. 그냥 수업만 하고, 숙제만 내주는 과외를 하지 않았습니다. 과목에 따라, 학생의 성적과 공부 스타일에 따라 맞춤형으로 공부법을 알려줬습니다. 조금이나마 효율적인 공부를 할 수 있게, 같은 시간을 공부해도 좀 더 나은 성적을 받을 수 있게, 학생의 노력이 헛되지 않도록 공부법을 지도했습니다. 가르쳐준 공부법을 잘 습득하고, 성실히 공부한 학생들은 대체로 좋은 결과를 냈습니다.

과외에 치여 살던 고3 남학생이 있었습니다

제가 가르쳤던 학생 중 고3 남학생이 있었습니다. 이 학생은 대치동에서 살았습니다. 지금도 그렇지만 그때도 대치동은 가장 치열하게 경쟁하는 학군지였습니다. 이 학생 집은 꽤 부유했습니다. 자녀 교육에 돈을 아끼지 않았고, 이 남학생은 전 과목 과외를 받고 있었습니다. 한두 과목이 아니라 전 과목을 말이죠.

제가 이 학생을 처음 만난 것은 고3 4월쯤이었습니다. 서울 법대생을 과외 강사로 찾는다는 소개가 저에게 들어왔습니다. 제가 담당한 과목은 사회였습니다.

과외 시장에서 사회는 마이너한 과목입니다. 가장 많이 하는 것은 역시나 수학과 영어입니다. 사회는 우선순위에서 밀리는 과목인데, 고3의 경우 사회과목에 대한 수요가 좀 있었습니다. 수능을 앞두고 마음이 급하니 암기과목이라도 좀 건져보려는 수요입니다. 전 과목 과외를 다 하던 남학생에게 사회는 그런 과목이었습니다. 고3이니까 과외는 하지만 영어 수학 같은 과목보다는 뒤로 밀릴 수밖에 없는 과목이 바로 사회 과목이었습니다.

그래서 그런지 이 친구는 과외에 그렇게 진심이지 않았습니다. 처음에는 그냥 공부를 하기 싫어하는 학생인 줄 알았습니다. 숙제를 내줘도 제대로 못 해 오는 일이 잦고, 수업시간에도 집중력이 떨어졌습니다.

"너, 이 숙제는 왜 안 했니?"

"수학 숙제 해야 해서요."

"학교 끝나면 4시잖아. 우리 과외는 8시고. 그럼 숙제할 시간이 있잖아?"

"5시에 영어 과외 해요."

전 과목 과외를 하다 보니 사회과목은 뒷전이 될 수밖에 없었습니다. 이건 학생의 의지, 능력과는 다른 문제입니다. 과외는 많이 하지만, 배운 것을 소화할 시간도, 숙제할 시간도 부족한 상태였습니다. 고3이라고 각 과목마다 강사가 엄청나게 몰아붙이는 중이었고, 이 학생은 과부하에 시달리고 있었습니다.

주요 개념만 공부하기

시간도 없고 의욕도 없는 학생에게 숙제를 내줘봐야 소용없습니다. 수업에 집중하기 힘든 학생에게 아무리 열심히 가르쳐봐야 의미 없습니다. 이 학생은 일반적인 과외로는 효과를 보기 어려워 보였습니다.

그래서 그동안 쓰던 교재를 접고, 일단 공부 범위부터 줄이기로 했습니다. 전체 범위를 100이라고 할 때 이 학생의 시간과 능력으로는 100을 다 소화할 수 없기 때문입니다. 주요 개념 위주로 50퍼센트만 목표로 삼았습니다. 실제 시험에서 많이 출제되는, 사회 문제를 풀려면 반드시 알아야 하는 그런 주요 개념만 따로 정리를 했습니다.

"이 프린트물만 보면 돼. 딱 10장이야."

"한 시간에요?"

"아니, 앞으로 수능 때까지 우린 딱 이것만 반복해서 볼 거야."

학생은 좋아하면서도 이게 효과가 있을지 불안해했습니다.

"너 어차피 사회 전체 다 못 외워. 다른 과목 공부를 안 하고 사회만 하면 가능한데, 너 시간 없잖아."

"네. 솔직히 숙제할 시간도 없어요."

"숙제도 안 내줄 거야. 다 수업시간에 해결해줄게. 대신 수업시간에는 집중해. 숙제해야 할 시간에 잠을 더 자고, 수업에 딱 집중. 알았지?"

수업은 10장의 주요 개념 노트로 진행했습니다. 수업시간이 시작되면 가장 먼저 테스트를 봤습니다. 학생이 아는 것과 모르는 것을 구분하기 위한 테스트였습니다. 시간도 없는데 학생이 아는 것까지 가르치는 것은 비효율적이었습니다.

테스트를 보고, 학생이 틀린 개념을 가지고 수업을 했습니다. 그 개념을 자세히 설명해주고, 수업 중간중간 구두 테스트를 보면서 계속 기억을 떠올리게 했습니다. 그렇게 2시간을 집중적으로 수업했습니다. 다음 수업시간에는 복습 테스트를 먼저 보고 여기서 틀린 개념만 복습 수업을 했습니다. 복습을 마친 이후에 새로운 진도를 나가기 위한 테스트를 보고, 또 틀린 개념만 수업을 했습니다.

① 일단 공부 범위를 줄이고, ② 테스트를 통해 모르는 것을 확인한 후, ③ 모르는 것만 공부한다. ④ 다음 시간에 복습 테스트를 보고 위의 과정을 반복한다.

정리하면 이런 방식입니다. 이렇게 딱 2달 공부하니 사회과목을 1번 공부할 수 있었습니다. 물론 50%로 범위를 줄여놓은 거라 절반만 본 셈이지만 중요한 사회 개념은 다 공부했습니다. 그리고 매시간 테스트를 보면서 계속 확인했기 때문에 공부 구멍도 최소화한 상태였습니다. 2달 공부하고 본 모의고사에서 이 학생은 사회과목에서 5점 이상 점수를 올렸습니다. 당시 사회과목은 수능에서 72점 만점이었는데 2달 만에 5점을 올렸으니 좋은 성과였습니다.

이후에도 같은 방식으로 과외를 진행했습니다. 목표한 50% 범위 공부가 어느 정도 완성되었다고 판단된 뒤에는 문제 풀이 위주로 과외를 했습니다. 각각의 개념을 어떻게 문제에 적용해야 하는지를 가르쳤습니다.

최종적으로 이 친구는 저를 처음 만났을 때보다 10점 이상 사회 성적을 끌어올릴 수 있었습니다. 공부 범위를 줄여 중요한 것에만 집중하는 공부법이 성공했습니다. 반복되는 테스트로 기억을 되살리는 공부법이 효과를 봤습니다. 다만 안타깝게도 다른 과목에서는 과외로 큰 효과를 보지 못했고, 결국 목표한 대학을 가지 못해 재수를 선택했습니다.

그림은 잘 그리지만
영어 점수가 부족했던
미대 입시생

미대 입시에도 영어가 중요합니다

미대 입시를 준비하던 학생이 있었습니다. 그림 실력은 괜찮았던 모양입니다. 실기에서 큰 실수만 하지 않으면 원하는 대학 입시에서 실기 때문에 떨어지는 일은 없을 학생이었습니다.

문제는 영어였습니다. 그림이 문제가 아니라 영어 성적 때문에 원하는 미대에 가지 못할 정도였습니다. 가진 미술 실력에 비해 영어 실력이 많이 부족했습니다. 영어만 남들만큼 할 수 있다면 본인이 원하는 대학 입시에 합격할 수 있었습니다. 영어 점수를 조금만 더 올리면 충분히 좋은 결과를 낼 수 있는 학생이었습니다.

그런데 영어 공부에만 시간을 쓸 수는 없었습니다. 그림이라는 게 매일 성실하게 그려줘야만 실력이 녹슬지 않습니다. 영어를 공부하겠다고 그림을 소홀히 할 수 없었습니다. 영어의 기초가 부족한 상태라 영어 공부에 더 시간을 쏟아야 했지만 현실적으로 어려운 일이었습니다.

그렇다고 영어학원을 다니기도 힘들었습니다. 일반적인 고등학생보다 영어 기초가 많이 부족했고, 미술학원을 다녀야 해서 영어학원 스케줄을 맞추기도 힘들었습니다. 과외로 단기간에 효과를 봐야 하는 상황이었습니다. 그래서 방학 때 2달 동안 영어 과외를 하기로 했습니다.

영어는 영단어부터, 틈틈이 외워라

영어를 못하는 학생의 대부분은 영단어 실력이 부족합니다. 영단어 실력이 충분한데도 영어를 못하는 학생은 별로 본 적이 없습니다. 내신영어든 수능영어든 대한민국 입시 영어의 시작은 영단어입니다. 다른 과목보다 특히 영어 성적이 안 좋은 학생들은 영단어부터 공부해야 합니다. 수능 수준의 영단어 실력을 갖출 수 있다면, 충분히 많은 영단어를 외워준다면 80%는 성공입니다. 반대로 영단어를 외우지 않고서 좋은 영어 성적을 기대해서는 안 됩니다.

이 학생도 영단어 실력이 부족했습니다. 자기 학년에 맞는 영단어 테스트를 봤는데 3년 정도 격차가 있었습니다. 고등학생인데 중학생 수준의 영단어 실력이었습니다. 영단어를 이렇게 몰라서는 아무것도 할 수 없습니다. 아무리 좋은 강의를 해도 영단어가 부족하면 소용이 없습니다. 그래서 단어부터 외우게 시켰습니다.

이 학생이 영단어 공부를 안 해 본 것도 아닙니다. 누가 봐도 영단어가 부족한 학생이었기 때문에, 스스로도 그 사실을 잘 알고 영단어 공부를 나름 하던 친구였습니다. 그럼에도 영단어 실력이 좋지 않았던 것은 잘못된 공부법으로 영단어를 공부했기 때문입니다.

"영단어 책 어떤 거 보고 있니?"

"○○에서 나온 고등 영단어 책이요."

"음… 지금 네 실력은 이 책이랑 안 맞아. 중등 영단어 책부터 공부해야 해. 저 책에 나온 단어는 반도 모르잖아."

수준에 맞지 않는 영단어 책을 공부하면 효율이 낮습니다. 외우는 데 스트레스만 많이 받고, 잘 외워지지도 않습니다. 아무리 이쁜 옷이라도 몸에 맞지 않으면 안 입으니만 못합니다.

"하루에 영단어는 얼마나 공부하니?"

"저녁에 30분씩 외워요."

"책상에 앉아서 30분 외운다는 거지?"

"네."

"분량은 얼마나 하고 있니?"

"하루에 100개 정도?"

영단어 공부에 시간을 쓰고 있지만 효과가 없는 케이스입니다. 하루에 30분이나 영단어 공부에 시간을 투자한다면 많은 시간을 쓰는 것임에도 성과가 없습니다.

"하루 분량 100개는 좋아. 그대로 하는데, 공부법을 좀 바꾸자. 일단 책상에 앉아서 외우지 마. 그렇게 외워 봐야 머리에 안 남아."

"그럼 언제 공부해요?"

"틈틈이. 단어장을 찢어서 낱장으로 갖고 다녀. 이거 한 장에 단어 10개쯤 있거든. 한 장 쓱 읽어보는 데 1분이면 돼. 머릿속으로 떠올리면서 공부해도 2분이면 충분해. 그지?"

"네."

"한 번에 한 장 2분, 이렇게 공부해. 그림 그리다가 잠깐 쉴 때 한 장 공부하고, 밥 먹고 나서 한 장 공부하고, 버스 기다리면서 한 장 공부하고. 이런 식으로 틈날 때마다 한 장씩만 딱 해. 하루에 10장인데, 한 번만 공부하고 끝내는 건 아냐. 그냥 10장을 수시로 봐. 주머니에 몇 장 넣고 다니면서 쓱 보고, 또 시간 나면 보고. 그렇게 공부해."

"그렇게 보기만 해도 외워질까요? 머릿속에 안 남을 것 같은데."

"남아. 30분 동안 책상에 앉아서 외운다고 외워지는 게 아니거든. 자주 여러 번 보는 게 더 좋아. 그리고 밤에 자기 전에 그날 영단어 공부한 거 테스트해."

"테스트요? 선생님이 해주시나요?"

"매일 테스트는 네가 스스로 하면 돼. 영단어 종이 접어서 단어 보고 뜻 떠올리는 식으로 해. 나는 과외 할 때 일주일 치 테스트 볼 거야."

"테스트를 매일 보면 끝나요?"

"자기 전에 테스트 보고 틀린 단어만 한 번 더 읽어보고 자. 그러면 너는 하루에 한 단어를 3~4번 보게 될 거야. 매일 테스트도 보는 거고. 일주일에 2번 나하고 테스트도 보고."

학생은 이 공부법을 완전히 믿지 못했지만 한번 해 보기로 했습니다. 그리고 1달 뒤 중학교 수준의 영단어 책을 다 소화했습니다. 중학교 영단어는 90% 이상 암기하게 되었습니다. 그리고 고등학교 영단어 책으로 똑같은 과정을 밟았습니다. 고등학교 영단어는 조금 더 어려웠지만 결국 2달이라는 시간 동안 영단어 책 2권을 끝낼 수 있었습니다. 자기 학년에 맞는 수준까지는 영단어가 완성되었습니다.

매일 독해 1지문씩 공부하기

영단어 실력은 늘었지만 독해 공부도 필요했습니다. 영단어를 많이 알게 되니 독해 점수도 조금씩 올랐지만 아직은 부족했습니다. 독해 공부도 매일 숙제를 내줬습니다. 과외 시간에는 독해와 해석 요령 위주로 가르치고, 독해를 틀리는 부분에 대해 집중적으로 가르쳤습니다. 하지만 독해 공부의 핵심은 매일 독해 1지문씩 공부하기였습니다.

"너 독해 공부는 따로 안 했지?"

"네. 학원 다닐 때는 좀 했어요."

"독해 공부량 자체가 부족하거든. 그래서 독해 공부를 할 건데, 이것도 매일 네가 스스로 1지문씩 해석을 해야 해."

"제가 혼자요? 잘 안 되던데…."

"방법은 내가 가르쳐줄 거야. 나와 같이 연습하고, 네가 매일 1지문씩 해석해 보는 거야."

영어 공부는 매일 꾸준히 해야 하는데 이 학생은 그게 부족했습니다. 그래서 제가 영어 공부 계획을 새로 짜준 것입니다. 영단어와 영어독해를 매일 공부하는 방식으로 말이죠. 하루에 얼마큼 공부할지, 어느 정도 시간을 쓸지, 어떤 방법으로 공부할지를 다 정해줬습니다. 일반적으로 학생들이 가장 어려워하는 것이 공부 계획을 짜는 것인데, 이 부분을 제가 책임져주니 공부 효율이 올라갔습니다.

좋은 공부 계획은 시간 낭비를 줄여줍니다. 나아가서 노력 낭비를 막아줍니다. 계획 없이 생각나는 대로 공부하면 체계적으로 공부하기 힘듭니다.

이 학생은 2달 동안 매일 성실하게 영어 공부를 했습니다. 방학 2달 동안 드라마틱하게 영어 성적이 상승한 것은 아니지만 공부하는 법을 배웠기 때문에 기초를 쌓을 수 있었습니다. 과외가 끝난 뒤에도 제가 가르쳐준 공부법대로, 그리고 제가 짜준 계획대로 이 학생은 열심히 영어 공부를 했습니다. 전보다 더 적은 시간을 영어 공부에 썼지만, 결과적으로 영어 성적이 올랐고 원하는 대학에 합격할 수 있었습니다.

5

SKY 법대지만
고시공부만 10년

SKY 법대도 공부법이 필요합니다

공부법은 고등학생에게만 필요한 것이 아닙니다. 대학 입시에서만 필요한 것도 아닙니다. 공부를 해야 하는 모든 상황에서 공부법은 중요합니다.

사람들은 SKY, 그러니까 서연고 법대생이면 당연히 고시를 붙는 줄 압니다. 문과에서 가장 공부를 잘한다는 학생들이 SKY 법대에 몰려있으니까, 대학 입시를 한 번 통과해본 학생들이니까 그렇게 생각합니다. 하지만 실제로는 그렇지 않습니다. 소위 말하는 명문대를 나온 사람들 중에 고시에 붙지 못하는 사람이 많습니다. 붙은 사람만 소문나서 그렇지, 시험에 안 되는 사람도 많습니다.

SKY 법대 중 한 곳을 나왔지만 10년 동안 고시에 합격하지 못한 사람이 있었습니다. 이런 사람을 '장수생'이라고 불렀습니다. 한두 번 시험에 떨어질 때는 주위에서 "이제 붙을 때가 되었다."고 말해주지만, 계속 시험에 붙지 못하면 나중에는 시험에 대해 묻지도 않습니다. 장수생은 그런 취급을 받습니다.

그들은 분명 공부를 잘했는데 왜 고시라는 시험에서는 실패하는 걸까요? 공부를 잘하는 법을 아는 친구들일 텐데 왜 붙지 못한 걸까요? 저는 10년 장수생을 보면서 이런 고민을 했습니다.

결론은 공부법이었습니다. 고등학교 때는 통했던 공부법이 고시에서는 안 통했던 겁니다. 머리가 좋아서 특별한 공부법 없이도 대학 입시까지는 성공했는데, 더 어려운 시험에서는 그런 방법이 통하지 않았던 겁니다. 잘못된 공부법으로 시험을 대하니 한계가 왔던 것입니다.

제가 10년 고시생에게 공부 그 자체를 가르칠 것은 없었습니다. 법의 내용은 10년 공부한 사람이 더 잘 알고 있었습니다. 제가 오히려 가르침을 받아야 하는 수준이었습니다. 저는 10년 장수생에게 공부법을 매니지먼트했습니다. 공부법을 실천할 수 있도록 도와주었습니다. 잘못된 생활습관, 공부습관을 바로잡아 주었습니다. 이 친구에게 필요한 것은 혼자서 할 수 없는 것을 옆에서 가이드해 주는 사람이었습니다. 누군가의 강제력이 필요했는데, 제가 그 역할을 했습니다.

20~30대는 체력 관리부터 공부입니다

이 고시생에게 제가 처음 내린 처방은 운동이었습니다. 중학교에서 고등학교에 진학하면 체력이 떨어져서 공부에 집중하지 못하는 친구들이 있습니다. 공부량이 확 늘어났는데, 이걸 다 버텨내지 못하는 학생들입니다. 머리가 좋고, 공부 의지가 넘쳐도 체력이 안 되면 공부를 실제로 하는 시간이 부족해집니다. 공부량을 충분히 채울 수 없습니다. 공부법의 기초는 체력에 있습니다.

20대, 30대에는 체력 문제가 더욱 중요합니다. 10대에는 그나마 젊으니까 운동을 안 하고, 체력 관리를 안 해도 어떻게 어떻게 버틸 수가 있습니다. 하지만 나이가 들수록 체력은 점점 떨어집니다. 체력이 안 되니 집중력도 내려갑니다. 자기 관리가 중요해집니다.

고시공부만 10년 한 사람은 서른 즈음이었습니다. 체력이 좋을 수가 없는 나이인데, 운동도 제대로 안 했습니다. 그래서 저는 체력 관리부터 시작했습니다. 체력 관리 중에서도 수면 관리부터 적용했습니다.

대부분의 20대, 30대는 잠자리에 드는 시간이 늦습니다. 고등학교 때까지는 규칙적인 생활을 할 수 있지만, 대학에 진학한 후에는 이런 패턴이 무너지기 일쑤입니다. 10년 동안 고시 공부를 하면서 이 고시생은 규칙적인 생활을 하지 못했습니다. 맘 내킬 때 자고 아무 때나 일어나는 생활을 유지했습니다.

먼저 기상 시간을 체크했습니다. 아침 7시에 일어날 수 있게 알람을 맞추고, 모닝콜을 했습니다. 몇 시에 잤든 7시 기상 후 아침 식사를 생활화시켰습니다. 당연히 처음에는 잘 일어나지 못했습니다. 매일같이 체크하니 7시 기상이 조금씩 습관으로 자리 잡았습니다. 아침에 일찍 일어나니 저녁에 자는 시간도 안정되어 갔습니다. 12시에서 1시 사이에는 보통 잠자리에 들었습니다. 하루 6~7시간 정도의 수면시간을 확보하니 낮에 조는 일이 줄어들었습니다. 공부할 때 집중력도 올라갔습니다.

그리고 운동을 규칙적으로 시켰습니다. 운동이라고 해서 특별한 것을 할 시간은 없었습니다. 식사 후 30분 걷기를 매일 했습니다. 조금 빠른 걸음으로 30분씩 걷는 것은 충분한 운동이라 할 수 없지만 꾸준한 운동이기는 했습니다. 더 좋은 운동이 많이 있지만 걷기가 최선이었습니다. 그것만으로도 효과가 있었습니다. 이제 깨어있는 시간에 보다 밀도 있게 공부할 체력이 키워졌습니다.

공부할 시간도 없는데 무슨 걷기냐고 처음에는 투덜거렸지만 시간이 지날수록 걷기의 효용이 드러났고, 그는 운동 효과를 인정할 수밖에 없었습니다. 밥먹고 바로 자리에 앉아봐야 식곤증으로 공부 집중이 잘 안 됩니다. 공부 시간은 줄어들지만 줄지 않고 공부할 수 있으니 결과적으로는 이득입니다.

백지테스트로 모르는 것만 공부하기

공부 방법도 수정했습니다. 10년쯤 공부를 하다 보면 머릿속에 온갖 내용이 가득 차 있습니다. 본 것은 많으니까 조금씩은 다 아는 내용입니다. 문제는 정확하게 알지 못한다는 것입니다.

"지난번 1차 시험 몇 점이었어?"

"78점."

"커트라인이 83점이었잖아. 그 전에도 떨어질 때 커트라인하고 네 점수하고 차이가 컸어?"

"보통 3~4점 정도 차이로 떨어졌지."

"고비를 못 넘고 있네. 틀린 문제도 나중에 보면 대충 아는 거였지?"

"그렇지. 완전히 모르는 문제는 없지."

"대충이 문제야. 정확하게 알아야 하는데."

공부는 모르는 것을 알게 하는 것입니다. 모르는 것이 줄어들면 합격 확률이 올라갑니다. 모르는 것과 아는 것을 구분해서 모르는 것만 공부하면 효율적인 공부가 됩니다.

이 고시생에게는 공부 시작 전에 백지테스트부터 하게 했습니다. 보통 백지테스트는 복습용으로 쓰는데, 이 고시생은 원래 아는 것이 많기 때문에 하루의 공부를 시작하기 전에 백지테스트를 보게 했습니다. 모르는 것을 정확하게 가려내기 위해서입니다. 문제집을 사용하면 좀 더 간편하게 모르는 것을 확인할 수 있지만, 이 친구처럼 대충 아는 것이 많은 사람에게는 백지테스트로 좀 더 정밀하게 들여다보는 것이 좋습니다.

공부 시작 전에 백지테스트를 보고, 틀린 부문만 책에서 찾아서 공부하도록 했습니다. 이미 제대로 알고 있는 내용이 70%는 되는데 대충 아는 30% 때문에 시험에 떨어지니까 30%를 제대로 알게 하는 것이 목표였습니다.

그런데 이 과정이 생각보다 오래 걸렸습니다. 공부를 체계적으로 깊이 있게 하지 못해서 기억이 조각조각 파편화되어 있었기 때문입니다. 구멍이 여기저기 뚫려있는 치즈 같은 기억이었습니다. 그 구멍을 메꾸는 작업은 아무것도 모르는 상태에서 공부를 하는 것보다 더 힘든 일이었습니다. 원래 백지테스트가 쉽지 않은 과정인데 이 고시생에게는 더욱 어려운 일이었습니다.

백지테스트로 구멍을 찾고, 부족한 부분을 공부하는 과정에는 많은 시간이 필요했습니다. 그냥 책을 주욱 읽어나갈 때보다 진도가 확연히 느려졌습니다. 그 전에는 일주일에 한 과목을 끝낼 수 있었다면 백지테스트 방식으로 하니 이 주일에 한 과목을 겨우 나갈 수 있었습니다. 하지만 모르는 부분을 확실히 정리하고 넘어가니 모의고사에서 성적이 잘 나왔습니다. 빠르게 보는 것보다 느리게 보는 것이 더 좋은 결과를 가져왔습니다. 이제야 제대로 공부를 하게 되었습니다. 10년 만에 말이죠.

이 장수생은 다음 시험에서 합격했습니다. 오랜 시간 동안 아주 작은 차이로 시험에서 떨어져야만 했는데, 조금은 넉넉한 점수로 합격할 수 있었습니다. 체력을 키워주고, 공부법을 바꿨더니 10년 공부가 무색하게 빠르게 합격할 수 있었습니다. 제대로 된 공부법이 효과를 본 것입니다.

2장

이해:
1등급도 이해부터

왜 이해부터 해야 하나요

공부의 시작은 이해부터

이해란 무엇일까요? 국어사전에는 "깨달아 앎. 또는 잘 알아서 받아들임."이라고 나와 있습니다. 어떤 것을 알고, 깨달아서, 받아들인 상태가 이해입니다.

공부할 때 이해라는 말을 참 많이 씁니다. "이 문제가 이해되니?", "선생님이 하신 말씀을 다 이해했니?"와 같은 말을 하루에도 몇 번씩 듣습니다. 공부의 처음이 이해이기 때문입니다. 이해를 해야 공부의 다음 단계로 나아갈 수 있습니다. 이해하는 것에서부터 공부가 시작됩니다.

학교 수업을 생각해봅시다. 수업은 그 시간에 알아야 할 것을 가르치고 배우는 과정입니다. 교사는 가르칠 내용을 쉽게 풀어서 설명해줍니다. 배경을 얘기하고, 원리를 설명합니다. 때론 비유를 들기도 하고, 여러 자료를 제시하면서 가르칩니다. 학생은 교사가 하는 말을 듣습니다. 그날 배워야 할 것에 대해 교사가 여러 측면에서 하는 설명을 받아들입니다. 때로는 질문도 하고, 적극적으로 수업에 참여하기도 합니다. 이 모든 과정은 이해를 위한 것입니다. 수업이 끝났을 때 그날의 학습량 중 일부라도 학생이 이해하도록 하기 위해 수업을 진행합니다. 암기는 그다음의 일입니다. 응용이나 문제 풀이는 더 먼 이야기입니다.

그런데 많은 사람들은 공부라 하면 암기부터 떠올립니다. "공부를 했으면 남는 게 있어야지, 한 시간을 수업했는데 기억나는 게 없으면 어떻게 하니?"라고 말합니다. 아닙니다. 한 시간을 수업했으면 그 수업시간에 학생이 무엇을 이해했는지가 중요합니다. 과학 시간에 기후변화에 대해 배웠다면 기후변화는 어떻게 일어나는지와 같은 원리를 이해하는 것이 먼저입니다. 기후변화를 일으키는 요소에 대한 암기는 당장 급하지 않습니다. 수업 내용을 완전히 이해하는 것이 가장 중요하고 가장 먼저 해야 하는 일입니다.

이해해야 암기할 수 있습니다

내용을 이해 못 하면 암기도 안 됩니다. 많은 시간과 노력을 들여서 단순 무식하게 암기하는 학생과 이해부터 먼저 하고 이해한 내용을 암기하는 학생은 공부 효율이 다릅니다. 프랑스 혁명을 예로 들어봅시다. 프랑스 혁명을 살펴보면 차례로 국민 의회 → 입법 의회 → 국민 공회 → 총재 정부 → 나폴레옹 등장의 흐름을 보입니다.

프랑스 혁명을 공부할 때 혁명이 발생하게 된 배경, 역사적 흐름, 각 역사 주체의 주장, 활동 등을 이해한 학생은 이해한 내용을 바탕으로 쉽게 암기를 할 수 있습니다. 그런데 이해하지 못하거나 이해가 부족한 학생은 "국민 의회 다음에 입법 의회 고 그다음이 국민 공회… 아 이름을 왜 이렇게 헷갈리게 지었어." 하면서 어렵게 암기를 할 수밖에 없습니다.

이렇게 억지로 외운 내용은 나중에 잘 기억나지도 않습니다. 어떤 맥락도 없기 때문입니다. 우리 뇌는 연결되지 않는 단편적인 내용은 잘 기억하지 못합니다. 기억할 필요가 있어야 외우는데 단순하게 쑤셔 넣은 내용은 그냥 까먹어버립니다. 내용을 이해하고 이해를 바탕으로 외우면 기억이 더 잘됩니다. 이해를 하면 개별적인 정보가 의미를 가지고 서로 연결됩니다. 정보를 서로 이어주면 뇌는 더 잘 기억합니다. 더 중요하다고 생각하기 때문입니다.

여러분도 잘 아는 "한국을 빛낸 100명의 위인들" 노래를 생각해보세요. 노래 가사를 보면 위인 1명당 한두 단어 정도로 되어 있습니다. 굉장히 단편적인 정보죠.

아름다운 이 땅에 금수강산에 단군 할아버지가 터 잡으시고
홍익인간 뜻으로 나라 세우니 대대손손 훌륭한 인물도 많아
고구려 세운 동명왕 백제 온조왕 알에서 나온 혁거세
만주 벌판 달려라 광개토대왕 신라 장군 이사부
백결선생 떡방아 삼천궁녀 의자왕
황산벌의 계백 맞서 싸운 관창
역사는 흐른다~

그런데 우리는 이 노래 가사를 다 외울 수 있습니다. 노래로 부르기 때문이기도 하지만 각각의 정보가 시대 흐름에 따라 역사적 맥락에 따라 연결되어 있기 때문입니다. 의자왕이 나오고

그와 연관된 계백과 관창이 나오니까 이런 긴 노래 가사를 쉽게 외울 수 있는 것입니다.

이해부터 하세요. 배경을 이해하고, 흐름을 이해하고, 개념과 원리를 이해하세요. 이해를 해서 개별적인 정보를 연결된 정보로 만들면 뇌는 더 잘 기억합니다. 이해가 되면 암기는 저절로 따라옵니다. 공부가 쉬워집니다.

2

이해될 때까지
파고들기

이해라는 말은 간단하지만 실제 이해는 쉽지 않습니다. "개념 이해부터 해."라고 말하기는 쉽지만 쉽게 이해하는 사람은 드뭅니다. 이해는 굉장히 지적인 활동이며 많은 노력과 시간을 필요로 합니다. 책만 반복하여 읽는다고, 강의만 계속 듣는다고 이해가 되지 않습니다. 많은 시간 책상에 앉아있다고, 학원을 열심히 다닌다고 이해되지 않습니다. 이해에는 방법이 필요합니다. 이해를 잘할 수 있는 방법을 알고 그에 따라 공부해야 합니다.

이해하는 방법 1: 왜 그런지 고민하기

이해를 잘하는 첫 번째 방법은 왜 그런지 고민하는 것입니다. 맥락과 배경, 원리를 파악하기 위해 생각하는 것입니다. 우리는 이것을 'why 공부법'이라고 합니다. 책을 읽다 보면 이해가 잘 안 가는 부분이 있습니다. 그러면 그 부분을 파고들어서 왜 그런지 곰곰 생각해봐야 합니다. 의문을 제기하고, 왜 그런지 추측해봐야 합니다.

교과서를 공부하다가 의문이 생겼습니다. 이럴 때 그냥 넘어가면 안 됩니다. 왜 이런 현상이 생길까? 교과서에서는 이렇게 설명하고 있는데 이건 어떤 의미일까? 의문을 던지면서 자기 머리로 생각을 해야 합니다. 심사숙고해야 합니다. 이해도 안 되면서 그냥 그렇구나 하고 지나치면 평생 이해할 수 없습니다.

생각하고 고민한다고 당장 이해가 되지는 않습니다. 힘들고 지치는 과정입니다. 스스로 생각한다는 것은 고통스러운 일입니다. 익숙하지 않은 일이라 짜증이 나기도 합니다. '그냥 외우면 되는 거 아냐?'라고 이해를 포기하고 싶어지기도 합니다. 그러나 공부는 그렇게 고민하는 지점에서부터 쌓입니다. 이해하려고 노력하는 그 순간이 쌓이고 쌓여야 공부를 잘할 수 있습니다. 고민과 사색의 시간이 축적되어야 합니다.

이해하는 방법 2: 관련된 내용 찾아보기

혼자 고민과 사색을 해도 해결이 안 되는 부분이 있습니다. 이럴 때는 먼저 공부한 사람들의 도움을 받아야 합니다. 책도 좋고, 강의도 좋고, 동영상도 좋습니다. 이해를 하라고 해서 혼자 처음부터 끝까지 다 해야 하는 것은 아닙니다. 더 잘 이해하기 위해서 기존에 있는 것들을 잘 활용해야 합니다. 교과서를 쉽게 잘 풀어 쓴 책을 찾아보고, 전문적으로 이를 해설해주는 강의를 찾아서 들어도 좋습니다. 요즘은 유튜브에 관련된 동영상도 많이 올라와 있습니다. 이를 통해 얼마든지 이해를 쉽게 할 수 있습니다. 내가 생각하지 못한 것을 짚어주거나 핵심적인 부분을 설명해주는 강의, 동영상은 이해를 도와줍니다.

제 아이가 수학 개념을 물어보거나 과학의 어떤 현상을 물어볼 때 저는 스스로 먼저 고민해보라고 시킵니다. 그러고도 잘 모르겠다고 하면 인강 또는 유튜브를 찾아보라고 합니다. 제가 설명해줄 수도 있지만 능동적으로 자기가 찾아보는 과정 자체가 하나의 공부이기 때문입니다. 자기가 직접 찾아서 강의를 들으면 그만큼 힘이 들지만, 그만큼 공부가 됩니다.

우리 뇌는 우리가 노력하는 것을 알아줍니다. 힘들게 찾아서 공부하면 우리 뇌는 그걸 중요하다고 생각해줍니다. 여러 동영상을 찾아보고, 그중에서 내가 잘 이해할 수 있는 동영상을 골라내서 공부하면, 우리 뇌는 '여기에 많은 시간을 쓰네, 중요하니까 잘 저장해둬야지.'라고 판단합니다.

이해하는 방법 3: 끝까지 파고들기

이해를 잘하는 세 번째 방법은 위에서 알려준 두 가지 방법을 끝까지 포기하지 않고 계속하는 것입니다. 앞서 말한 것처럼 이해는 고통스러운 과정입니다. 지치고 힘듭니다. 그래서 이해를 좀 하려다가도 포기하는 경우가 흔합니다. '난 안 되나봐, 내 머리로 무슨 이해야.' 하면서 공부를 접는 경우를 자주 봅니다.

그래서는 안 됩니다. 이해는 원래 고통스럽고 힘든 과정이라는 사실을 받아들여야 합니다. 그리고 버텨내야 합니다. 천재라 하더라도 이해는 쉽지 않습니다. 이해의 과정을 여러 번 거쳤기 때문에 이해를 쉽게 할 수 있게 된 것이지 처음부터 이해를 잘

하는 사람은 드뭅니다. 1등급 학생이라고 다 이해를 처음부터 잘했던 것이 아닙니다. 이해도 연습이고 훈련이 필요합니다.

이해하기 힘든 순간은 누구에게나 찾아옵니다. 그걸 참고 이겨내는 것이 이해를 잘하는 마지막 방법입니다. 혼자 힘으로 생각하기, 고민해보기, 그래도 안 되면 책, 강의 등을 찾아보기. 이상의 과정을 포기하지 않고 끝까지 파고들어서 이해될 때까지 공부하는 것이 바로 이해의 정석입니다. 1등급 학생은 이런 과정을 견뎌내고 계속 공부했습니다. 시험에 합격한 친구는 이런 과정을 다 겪은 뒤에 합격했습니다. 끝까지 이해될 때까지 파고드세요.

3

가르치기로
이해하자

가르치다가 이해했습니다

　외고를 다닐 때 좋았던 점은 모르는 것이 있을 때 물어볼 사람이 바로 옆에 있다는 것이었습니다. 다들 공부를 잘하고 열심히 하는 친구들이었기 때문에 물어볼 수 있었습니다. 사람마다 잘하는 과목이 달라서 내가 모르는 것을 물어볼 친구가 한명 정도는 있었습니다. 물어볼 때는 조금 창피할 수도 있지만, 물어봐서 내가 모르는 것을 알 수 있으니 좋았습니다. 모르는 문제를 가지고 서로 얘기하다 보면 풀리기도 했습니다.

대학교 때도 비슷했습니다. 법학은 어떤 논점을 해결하는 데 있어 여러 가지 학설과 판례가 있습니다. 하나의 완성된 결론이 있는 것이 아니라 각자의 논리와 입장에 따라 여러 견해로 나뉩니다. 판례의 논리와 입장을 정확히 이해하는 것이 중요하지만 여러 학설을 제대로 파악하는 것도 필요합니다. 판례와 학설을 공부하는 과정에서 잘 이해되지 않을 때 친구에게 물어보면서 서로 얘기했습니다. 나보다 더 잘 이해하고 있는 친구에게 배울 것이 많았습니다.

그런데 내가 친구에게 물어보고 배우는 것보다 친구의 질문에 내가 답변하면서 배우는 것이 더 많았습니다. 상대가 잘 이해할 수 있도록 쉽게 풀어서 설명하는 과정에서 내 이해가 더 깊어집니다. 내가 받을 때가 아니라 줄 때 더 많은 것을 얻게 되는 것이 공부입니다. 그것이 공부의 신비입니다. 배움을 나눠주면 더 큰 이해를 얻게 되는 것 말입니다.

제 아이의 공부를 봐줄 때에도 마찬가지입니다. 아이가 모르는 개념을 설명해주기 위해 이리저리 고민하다 보면 학생 때 나도 잘 몰랐던 것을 뒤늦게 깨달아버리는 일이 종종 생깁니다. '와… 이래서 이런 개념이 나왔던 거군.' 하는 늦은 깨달음입니다.

가르치는 것과 배우는 것은 동전의 양면과 같습니다. 가르치는 사람과 배우는 사람은 구분되지만 사실은 가르치는 사람이 배우는 것이고, 배우는 사람이 가르치는 것입니다. 가르치는 것도 배우는 것도 이해를 깊게 한다는 점에서 사실은 같습니다. 『예기(禮記)』에 나오는 "교학상장(教學相長)"이라는 말이 이를 뜻합니다. 교학상장은 가르치고 배우면서 함께 성장한다는 뜻입니다

왜 그럴까요? 가르치려면 더 많이 고민해야 하기 때문입니다. 옛말에 성을 공격하려면 수비 측보다 3배의 군대가 필요하다고 했습니다. 수비할 때보다 공격할 때 더 많은 에너지가 필요하다는 말입니다. 가르침이 그렇습니다. 가르치는 사람은 배우는 사람보다 3배는 더 고민하고 노력해야 합니다. 모르는 사람은 모른다고 하면 끝나지만 가르치는 사람은 저 사람이 무엇을 모르는지, 왜 모르는지를 고민해야 합니다. 그걸 정확히 파악해야 제대로 가르칠 수 있습니다. 그걸 고민하는 과정에서 내 이해가 깊어집니다. '아니 이렇게 쉬운 걸 왜 모르지?' 하면서 고민하다 보면 문제에 대해 더 많은 것을 깨닫게 됩니다.

가르칠 때 더 집중하게 되는 또 다른 이유가 있습니다. 그건 바로 자존심입니다. 나 혼자 공부할 때는 내가 몰라도 부끄럽지 않습니다. 몰라서 짜증 날 수는 있지만 내가 모르는 것을

나만 알기 때문에 부끄러울 일은 아닙니다. 그런데 누군가에게 질문을 받는 순간 이제 나의 모름이 밖으로 드러날 수 있습니다. 답을 못 하면 내가 모른다는 것을 다른 사람이 알게 됩니다. 그래서 질문을 받으면 답변을 잘하기 위해 엄청 고민을 합니다.

고등학교 때 같은 반 여학생이 수학 문제를 물어봤을 때의 일입니다. 혼자 문제를 풀면 3분이면 충분한데, 저는 30분 이상 그 한 문제를 붙잡고 있었습니다. 이런 문제를 처음 보면 뭘 떠올려야 하는지, 문제의 어떤 단서에서 그런 발상을 하는지, 그런 발상에 따라 식을 어떻게 세워야 하는지, 문제를 풀어 나가는 과정에서 필요한 개념과 공식은 어떤 것인지 등등을 하나하나 자세히 설명하기 위해 그만큼의 시간과 고민이 필요했습니다. 그리고 그 과정에서 그 문제에 대해 완벽하게 이해한 사람은 제 친구가 아니라 저였습니다.

가르치는 것은 시간 낭비가 아닙니다

그런데 가르치는 것을 시간 낭비로 생각하는 사람들이 있습니다. 학교에서 공부 잘하는 학생에게 다른 친구가 뭘 물어보면 이를 못 하게 하는 선생님이 있습니다.

"야 공부는 혼자 해. 괜히 잘하는 애 건들지 말고."

이건 가르침의 효과를 모르는 말입니다. 모르는 사람에게 설명하는 것을 시간 낭비라 여기는 것인데, 이는 옳지 않습니다. 가르칠 때 더 잘 이해하고 더 잘 배울 수 있으니까요.

질문을 받는 사람 중에서도 이런 사람을 쉽게 볼 수 있습니다. 자기 공부해야 하는데 설명해주다가 시간 뺏긴다고 생각하고, 귀찮아하는 친구들이 있습니다. "나도 몰라." 하면서 답변을 회피하기도 합니다. 설명하는 것이 많은 에너지를 소모하는 일이기 때문입니다.

하지만 가르침의 효용을 안다면, 가르치면서 더 잘 깨달을 수 있다는 점을 생각한다면 가르치는 것을 꺼릴 이유가 없습니다. '내 공부를 도와주려고 저 친구가 질문하는구나.'라고 생각하면서 친절하게 설명해주는 것이 더 낫습니다. 물론 내일이 시험인데 친구의 질문에 답변하고 있으면 안 되겠지만 일반적인 공부라면 혼자서 책을 읽는 것보다 가르치는 것이 더 효율적입니다. 이해의 깊이를 생각한다면 시간 낭비가 아닙니다.

가르치면서 이해하기 1:
아무나 붙잡고 설명하기

가르치기를 공부에 활용하기 위해서는 실제로 가르쳐야 합니다. 한 연구에서는 가르친다고 생각하며 공부하는 것만으로도 그냥 공부하는 것보다 더 잘된다고 합니다. 하지만 가장 효과가 좋은 것은 실제로 가르치는 것입니다.

가르침은 배우는 사람을 전제로 합니다. 누군가가 물어봐야 우리는 답변할 수 있습니다. 배움과 가르침은 한 세트입니다.

하지만 배울 사람이 항상 내 옆에 있는 것은 아닙니다. 가끔 질문을 받을 수는 있지만, 내가 필요할 때 가르칠 사람을 바로 찾기는 힘듭니다. 그렇다면? 아무나 붙잡고 가르치는 방법이 있습니다.

이건 부모님과 함께하기 좋습니다. "엄마, 여기 앉아서 내가 설명하는 걸 들어봐." 하면서 오늘 공부한 내용을 엄마에게 얘기해보는 겁니다. 어려운 과학 개념을 부모님께 설명하면서, 부모님을 이해시키기 위해 고민하면서 많은 것을 배울 수 있습니다. 동생이나 친구를 붙잡고도 할 수 있습니다. 상황에 따라 누군가를 붙잡고 설명하기를 해 볼 수 있습니다.

오늘 하루 공부한 것 중에서 중요한 것, 잘 이해되지 않는 것을 부모님께 설명해보세요. 하루의 공부 마무리로 이만한 것이 없습니다. 주중에 시간이 없다면 주말에 같은 방법으로 가르치는 것도 좋습니다. 일주일의 공부를 정리하면서 부족한 부분을 채우기에 좋은 방법입니다.

가르치면서 이해하기 2: 스마트폰으로 녹화하기

붙잡고 가르칠 사람이 주위에 없을 수도 있습니다. 가족도 각자의 삶이 있기 때문입니다. 부모라도 몇 시간 동안 설명을 듣고 있을 수 없습니다. 가르칠 대상을 구하기 어렵다면 가르치기를 포기해야 할까요? 아닙니다. 우리에게는 스마트폰이라는 좋은 도구가 있습니다.

내가 설명하는 것을 스마트폰으로 촬영해 보세요. 앞에 배움을 받는 사람이 있다고 생각하고, 내가 강의를 한다고 생각하고 스마트폰 촬영을 하면서 설명하는 겁니다. 구체적인 대상이 없어서 현실감이 약하다고 볼 수 있지만, 실제로 해 보면 생각보다 효과가 좋습니다. 회사에서 발표나 강의 준비를 할 때 그냥 원고만 읽어보는 것보다 스마트폰으로 녹화를 하면서 해 보면 훨씬 준비가 잘됩니다. 카메라 렌즈가 누군가의 시선이라는 생각이 들면서 몰입할 수 있습니다.

스마트폰으로 촬영하면서 가르치는 것은 또 다른 장점이 있습니다. 나중에 내 동영상을 보면서 내가 무엇을 잘 모르는지 확인할 수 있다는 점입니다. 이렇게 촬영을 해 보면 중간에 내가 머뭇거리거나 설명이 잘 안 되는 부분이 나옵니다. 바로 그 지점이 내가 잘 모르는 부분입니다. 내가 이해를 못했기 때문에 아직 내 것으로 만들지 못했기 때문에 설명을 못하는 겁니다. 그런 부분을 확인하고 그 부분만 다시 공부하면 내 약점을 보완할 수 있습니다.

학원,
인강은 능동적으로 이용하자

공부했다는 착각

강의의 장점은 혼자서라면 이해하기 힘든 것을 잘 설명해주는 것입니다. 좋은 강의는 학습 내용의 이해를 도와줍니다. 책만 읽어서 다 이해된다면 강의는 필요 없습니다. 하지만 그런 사람은 드물기에 우리는 강의의 도움을 받습니다. 학원에 다니기도 하고, 인강을 듣기도 합니다. 좀 더 잘 공부하기 위해 강의를 듣습니다.

물론 강의에도 단점은 있습니다. 그것은 바로 공부했다는 착각을 준다는 것입니다. 그렇습니다. 많은 사람들이 강의 듣는 것을 공부라고 착각합니다. 3시간 동안 강의를 들었으니 3시간 동안 공부했다고 생각합니다. 아닙니다. 학원에 가서 앉아있었다고, 인강을 틀어놓았다고 공부가 아닙니다. 공부한 것 같은 착시효과인 뿐입니다. 공부했다는 만족감을 주지만, 거짓된 느낌입니다. 먹은 것도 없이 헛배 부른 꼴입니다.

왜 그럴까요? 친구와 대화를 할 때 친구가 한 이야기를 다 기억하는 사람은 없습니다. 중요한 것 몇 가지만 기억하는 게 보통입니다. 음악을 들을 때 한 번 듣고 그 가사를 다 기억하는 사람은 없습니다. 그것이 당연합니다. 친구와 대화보다 더 긴 강의를, 노래 한 곡보다 더 긴 강의를 들었다고 해도 머리에 남는 것은 많지 않습니다. 긴 시간 동안 책상 앞에 앉아있었으니, 강의 들으면서 딴짓은 안 했으니 공부했다는 기분이 들지만, 머리에 남은 것이 없으니 결국 공부라고 할 수 없습니다.

한 연구 결과에 따르면 강의를 듣는 것은 공부 효율이 낮은 편에 속합니다. 강의를 듣는 수동적 학습은 학생이 강의에 적극적으로 참여하는 학습보다 공부 효율이 떨어집니다. 강의를 듣기만 해서는 학습한 내용의 절반도 기억하지 못한다고 합니다. 공부한다는 느낌만 주고, 앉아 있느라 힘은 드는데 강의 들는 것만으로는 공부 효율이 좋지 않습니다.

능동적으로 강의 듣기 1: 골라 듣기

그러면 어떻게 해야 강의를 정말 잘 이용할 수 있을까요? 공부한다는 느낌만 받는 것이 아니라 실제로 공부의 효과를 보려면 어떻게 강의를 들어야 할까요?

비결은 능동성입니다. 적극적으로 강의를 이용해야 합니다. 강사가 던져주는 것을 받아먹기만 할 것이 아니라 능동적으로 강의를 대해야 합니다. 이때의 능동성에는 여러 종류가 있습니다.

강의를 능동적으로 이용하는 첫 번째 방법은 무엇을 들을지를 능동적으로 정하는 것입니다. 강의 전부를 다 듣는 것이 아닙니다. 자기에게 필요한 부분만 골라서 듣는 자세가 필요합니다. 이 강의에서 내가 얻어야 할 것들, 이해하기 어려운 부분에 집중해서 강의를 듣는 것입니다. 이를 위해서는 예습이 중요합니다. 사전에 강의 들을 부분을 예습하고, 잘 이해 가지 않는 부분을 체크해서 그 부분만 집중적으로 강의를 들어야 합니다. 사람의 집중력에는 한계가 있기 때문에 강의 내내 집중하는 것은 너무 어려운 일입니다. 적당히 강의를 듣다가 내게 필요한 부분에 몰입하는 것이 좋습니다.

주위에 공부 잘하는 친구를 한번 살펴보세요. 수업시간 내내 집중하는 친구는 별로 없습니다. 그런데 1등급 학생이 갑자기 눈을 반짝거리면서 강사를 뚫어져라 쳐다볼 때가 있습니다. 자기에게 필요한 부분을 강의할 때 1등급의 눈빛이 변합니다. 능동적으로 강의를 듣고 있는 것입니다.

능동적 강의 듣기는 인강에서 더욱 빛을 발합니다. 인강은 얼마든지 건너뛰기가 가능하기 때문에 정말 효율적으로 내게 필요한 것만 들을 수 있습니다. 인강을 들을 때 이해 안되는 부분만 듣거나, 틀린 문제 해설만 보면 얼마든지 시간을 절약할 수 있습니다. 책 50페이지 정도를 1시간 동안 강의하는 인강을 내가 필요한 부분만 골라 들으면 10분으로 충분합니다. 다른 학생들보다 더 짧은 시간만 공부하면 됩니다.

능동적으로 강의 듣기 2: 질문하기

강의를 능동적으로 이용하는 두 번째 방법은 질문을 하는 것입니다. 우리나라에서는 강의 시간에 가만히 듣기만 하는 학생이 대부분입니다. 누군가 질문을 하려 하면 주위에서 눈치를 주기도 합니다. 그렇지만 강의를 듣기만 하는 것은 좋은 학습법이 아닙니다. 모르는 것을 확인하고, 물어보는 태도가 강의를 잘 이용하는 방법입니다.

질문을 하려면 내가 무엇을 모르는지 알아야 하고, 그것을 말로 표현해내야 합니다. 내가 모르는 것을 확인하고, 이를 질문으로 바꾸는 과정이 바로 공부입니다. 모르는 것을 질문하는 과정에서 깨닫는 것도 많습니다. 무엇을 모르는지를 설명하는 과정에서 머릿속이 명쾌해지는 일도 흔합니다. 실제로 질문을 하고 대답을 들으면 또 깨닫게 됩니다. 이런 이유로 능동적인 질문은 강의 효과를 몇 배로 높여줍니다.

강의 중간에 질문하는 것이 부담스럽다면 강의가 끝나고 난 뒤 질문하면 됩니다. 쉬는 시간이 아깝다고 생각하지 말고, 어차피 대충 핸드폰이나 보고 있을 시간에 질문을 하면 강의 효과를 200% 누릴 수 있습니다. 인강의 경우 요즘에는 Q&A 게시판을 운영하는 곳이 있는데 그런 게시판을 활용해도 좋습니다.

능동적으로 강의 듣기 3: 바로 복습하기

강의를 능동적으로 이용하는 세 번째 방법은 강의를 들은 뒤 짧은 복습을 하는 것입니다. 복습은 이해와 기억을 강화해 줍니다. 일방적으로 강의를 들을 때는 아무리 집중해서 들어도 이해와 기억이 100% 되지는 않습니다. 수동적 학습의 한계입니다.

강의를 듣고 나서 잠깐이라도 교재를 다시 훑어보며 복습을 해주면 강의 내용이 다시 살아나고, 강의 중에 이해 안되었던 내용도 이해할 수 있습니다. 일방적으로 듣기만 했던 학습에서 부족했던 부분을 능동적인 복습으로 메꿀 수 있습니다.

이때 복습은 핵심개념을 먼저 살펴본 뒤, 책에 있는 목차를 중심으로 훑어보는 것이 좋습니다. 그리고 특히 이해가 안되었던 부분을 다시 한번 고민해보고 떠올려 봅니다. 전체적인 복습은 나중에 또 하는 것이고, 강의 직후의 복습은 5~10분 정도면 충분합니다.

3장

확인:
1등급은
뭘 모르는지 안다

출력으로
확인하자

우리는 흔히 보고, 읽는 것이 공부라고 생각합니다. 공부를 했는지 확인할 때 "오늘 책 얼마나 읽었어?"라고 물어보죠. 인강을 보고 들으면 공부를 했다고 생각합니다. 보고 읽고 듣는 입력이 없으면 뇌는 아무것도 할 수 없습니다. 그러니 입력이 공부라고 생각하는 것도 틀린 말은 아닙니다. 하지만 공부의 확인은 출력으로 완성됩니다. 제대로 공부했는지 확인할 때는 출력이 필요합니다.

출력해야 기억된다

우리 뇌는 입력보다 출력을 중요시합니다. 뇌에 입력하는 것보다 뇌에서 출력할 때, 즉 뇌에서 뭔가를 끄집어낼 때 그것을 뇌는 더 중요하다고 받아들입니다. 뇌는 중요한 것은 오래 기억하고, 중요하지 않은 것은 바로 잊어버리는데 출력을 통해 중요도를 판단합니다. 왜일까요?

뇌의 입장에서 생각해봅시다. 뇌는 오감을 통해 온갖 정보를 받아들입니다. 하루 종일 뇌에게 입력되는 정보는 너무나 많습니다. 그 정보를 다 기억하는 것은 비효율적입니다. 기억해야 할 정보를 오래 기억하는 것이 유리합니다. 이때 뇌가 중요도를 판단하는 기준이 바로 출력입니다.

출력한다는 것은 뇌 속에 있는 정보를 사용한다는 말입니다. 정보를 사용했다는 것은 그 정보가 우리에게 필요했다는 의미입니다. 반복적으로 자주 써먹는 정보가 중요한 정보라고 판단합니다. 그 정보가 우리에게 유용하다는 뜻입니다. 유용한 정보는 오래 간직해야 합니다. 기억을 계속 유지해야 합니다. 출력된 정보는 우리에게 좋은 정보이므로 오래 기억하려는 것입니다.

예를 들어 보죠. 등산을 하다가 맛있어 보이는 열매를 먹고 배탈이 났습니다. 이렇게 생긴 열매를 먹으면 건강에 안 좋다는 정보를 알게 되었습니다. 몇 달 뒤 또 등산을 하다가 비슷한 열매를 발견했습니다. 그때 우리 뇌 안쪽에서 그 열매에 대한 정보를 꺼냅니다. 한 번 입력된 것을 출력합니다. '아, 저 열매를 먹었다가 배가 아팠지. 먹으면 안 되겠다.'라고 판단합니다. 이제 위험한 열매에 대한 정보는 더 강하게 기억됩니다. 이렇게 출력된 정보는 기억에 오래 남습니다.

반대로 출력되지 않은 정보는 잊힙니다. 해외로 배낭여행을 갔던 사람이 여행지에서 길을 잃고 헤매다가 위험한 골목에 들어갔습니다. 다행히 잘 빠져나왔지만 그 골목에 가면 위험하다는 정보를 머릿속에 입력했습니다. 그런데 그 정보는 그 지역을 떠나면 필요 없는 정보입니다. 한국에 돌아오면 그런 정보는 가지고 있을 이유가 없습니다. 뇌에서 그 정보를 출력할 일이 없습니다. 그 기억은 사라집니다.

확인하면서 출력하자

이런 뇌의 특성을 공부에 적용해봅시다. 우리가 영단어 100개를 공부한다고 합시다. 100개의 영단어를 눈으로 보거나 읽기만 한 학생은 그 100개를 얼마나 오래 기억할 수 있을까요? 계속 영단어를 중얼중얼거리며 읽기만 한 학생의 뇌는 그 정보를 오래 기억하지 않습니다. 왜? 이 영단어가 중요하다는 사인을 뇌에 주지 않았기 때문입니다.

'이 영단어를 외워야 해, 이 영단어를 외우는 것이 나에게 중요해.'라는 메시지를 뇌에 전달해야 합니다. 어떻게? 바로 출력입니다. 영단어를 뇌에 넣는 것만 하지 말고, 뇌에서 영단어를 끄집어내야 합니다. 그래야 뇌가 이 영단어에 대한 정보를 중요하다고 판단하고 기억을 강화합니다.

그래서 우리가 공부를 잘하려면 입력보다 출력에 신경 써야 합니다. 무작정 책을 읽고 강의만 들을 것이 아니라, 입력된 정보를 출력해서 중요한 정보로 인식되게 만들어야 합니다. 이때의 출력은 단순하게 내보내는 것만을 말하지 않습니다. 출력을 통해 제대로 아는지를 확인해야 합니다. 머릿속에 들어있는 정보를 꺼내어서 이 정보가 정확한 정보인지를 확인하는 과정까지가 출력입니다.

영단어를 외운다고 하면 영단어 테스트를 통해 모르는 단어를 확인하는 것이 출력이고, 공부입니다. 배운 것을 써먹어 보는 것, 써먹으면서 제대로 배웠는지를 확인하는 것. 그것이 1등급의 공부법입니다.

try and
error

앞에서 왜 출력이 필요한지, 왜 출력을 하면서 확인하는 공부를 해야 하는지를 살펴봤습니다. 이제 구체적으로 확인하는 방법을 알아보기 전에 모든 확인 방법의 기본부터 봅시다. 확인의 기본은 'try and error', 바로 시행착오입니다. 우리는 실패를 통해, 무엇을 알고 무엇을 모르는지를 확인할 수 있습니다. 시행착오를 거치면서 아는 것과 모르는 것을 구분하게 됩니다.

똥인지 된장인지 먹어 봐야 알 수 있다

"똥인지 된장인지 먹어 봐야 아냐?"는 말이 있습니다. 네, 먹어 봐야 압니다. 시도해보지 않으면 알 수 없습니다. 먹어보고 실패해보면 더욱 확실하게 구분할 수 있습니다. 딱 보면 쉽게 구분이 가능한 그런 일은 세상에 별로 없습니다. 공부에서는 특히 그렇습니다.

아는 것과 모르는 것을 구분하는 것은 생각보다 어려운 일입니다. 선생님께서 칠판에 수학 문제를 풀어주는 것을 보고 있으면 다 이해한 것 같지만, 실제로 그 수학 문제를 제대로 이해하고 혼자서 풀 수 있는 학생은 몇 명 되지 않습니다. 안다고 착각하는 사람이 거의 대부분입니다. 착각을 깨고, 진짜로 모른다는 것을 알려면 확인을 해 봐야 합니다. 일단 먹어 봐야 합니다.

쥐에게 출구 찾기 학습을 시키는 실험을 생각해봅시다. 여러 개의 문이 있는 상자에 쥐를 넣습니다. 각각의 문 앞에는 단추가 하나씩 놓여 있습니다. 단추를 눌렀을 때 문이 열리는 진짜 출구는 하나뿐입니다. 진짜 출구 뒤에는 쥐가 좋아하는 과자를 놓아두었습니다. 처음 상자에 들어간 쥐는 빨빨거리며 돌아다닙니다. 그러다 뭔가 냄새를 맡고 냄새를 쫓아가지만 상자 안에서는 찾을 수 없습니다. 냄새를 맡고 쿵쿵거리다가 우연히 진짜 단추를 누른 쥐는 과자를 찾을 수 있습니다.

이 실험을 여러 번 반복해보면 처음에는 단추를 눌러야 한다는 사실을 몰랐던 쥐가 단추를 눌러야 한다는 사실을 학습하게 됩니다. 이제 어느 단추를 누르는지가 문제가 됩니다. 쥐는 어떻게 올바른 단추를 찾을 수 있을까요? 바로 시행착오를 거쳐서입니다. 정확한 단추를 찾을 때까지 이 단추도 눌러보고 저 단추도 눌러보는 try(시도)가 필요합니다. try를 했다가 error(실패)를 하면 다른 단추를 try 해 봐야 합니다. 이런 여러 번의 try and error를 거쳐 비로소 쥐는 정확한 단추와 그렇지 않은 단추를 구분할 수 있게 됩니다.

사람도 똑같습니다. 우리 뇌는 try and error를 거쳐야 아는 것과 모르는 것을 확인할 수 있습니다. 쥐의 뇌나 사람의 뇌나 동일한 원리로 작동합니다. 아는 것과 모르는 것을 구분하고 확인하는 최선의 방법은 바로 시행착오입니다.

실패는 성공의 어머니

공부를 잘하려면 실패를 두려워해서는 안 됩니다. 문제를 틀리는 것을 겁내서는 안 됩니다. 학생들 중에는 테스트를 봐서 틀리면 그 사실 자체에 스트레스 받는 친구들이 있습니다. 부정적인 결과를 꺼리는 것은 당연한 반응입니다. 하지만 거기서 멈추면 1등급이 될 수 없습니다.

공부할 때 모르는 것을 확인하기 위해 테스트를 해 보고, 그 결과 답이 틀리더라도 이는 좋은 것입니다. 내 성적을 올려주는 고마운 try and error입니다. 실패는 성공의 어머니라는 말이 괜히 나온 것이 아닙니다. 우리는 실패를 통해 성공에 더 가까이 다가갈 수 있습니다.

과학시험을 앞두고 중요한 내용을 암기할 때 제대로 외웠는지 테스트를 해 보면 틀리는 내용이 반드시 발생합니다. 이때 틀리는 내용이 있다고 무슨 큰일이 일어나나요? 이런 error는 내가 모르는 것을 알게 해주는 고마운 실패입니다. 틀린 부분을 확인했으니 이것만 다시 공부하면 됩니다. 이런 try and error를 반복해나가면 과학시험에 필요한 내용을 모두 외울 수 있습니다. 쥐가 올바른 단추를 찾아 맛있는 과자를 먹을 수 있게 되듯이 말이죠. 실패를 통해 달콤한 성공을 맛볼 수 있게 됩니다.

백지테스트

백지테스트는 공부한 내용을 백지에 써 내려가는 것입니다. 종이 한 장과 펜만 있으면 할 수 있는 간단한 공부법입니다. 정해진 형식도, 시간제한도 없습니다.

그런 다음 백지에 쓴 내용을 책과 비교합니다. 내가 제대로 이해했는지를 확인하는 과정입니다. 종이에 써 내려가 보면 내가 아는 것과 모르는 것이 분명하게 드러납니다. 뇌 속에 들어가 있는 내용을 출력하는 과정에서 내가 뭘 모르는지, 뭘 이해하지 못했는지 확인할 수 있습니다.

한 문단부터 시작해봅시다

처음 백지를 마주하게 되면 막막합니다. 누구나 그렇습니다. 여기에 뭘 써야 할지도 모르겠고, 어디까지 써야 할지도 의문입니다. 그래서 백지테스트를 할 때는 처음부터 너무 욕심을 부리면 안 됩니다. 한 계단씩 나아가는 점석적인 방법이 좋습니다.

한 문단씩 해 보세요. 한 문단을 읽고 이해한 후 머릿속으로 가만히 내용을 떠올려봅니다. 그리고 씁니다. 백지에 내가 지금 이해한 내용을 써봅니다. 한 문단은 보통 몇 줄입니다. 몇 줄을 읽고 나서 백지테스트를 해 보면 그래도 어느 정도는 쓸 수 있습니다. 막막하기는 하지만 어쩔 줄 몰라 할 정도의 분량은 아닙니다. 한 챕터를 기준으로 백지테스트를 하라면 짜증부터 나겠지만, 한 문단은 누구나 할 수 있습니다. 100개의 단어를 외울 때에도 5개, 10개씩 쪼개서 하면 더 쉽게 외우는 것과 같습니다.

한 문단 백지테스트에 익숙해지면 점점 양을 늘려나갑니다. 한 페이지, 소단원, 대단원 이렇게 말이죠. 책 한 권을 통째로 백지테스트 하는 것은 욕심입니다. 저는 보통 한 페이지 정도를 권합니다. 많아도 소단원까지가 적당합니다. 우리의 목표는 음식을 한 번에 입에 가득 넣는 것이 아닙니다. 잘 씹어 먹을 수 있을 정도, 잘 소화할 수 있을 정도의 음식만 입에 넣는 것이 더 좋습니다.

쓰고 나서 확인을 합니다

백지에 쓰고 나면 책과 비교해서 확인을 해야 합니다. 내가 아는 것이 무엇인지 모르는 것이 무엇인지를 비교합니다. 빨간 펜을 들고 구체적으로 샅샅이 살펴보는 것이 좋습니다. 백지테스트 후에 책과 백지에 쓴 것을 비교하는 과정 또한 공부입니다. 뭐가 빠졌는지 확인하려면 책을 다시 한번 꼼꼼히 읽을 수밖에 없습니다. '내가 이걸 아는구나.', '이건 이해했다고 생각했는데 부족하네.' 이 확인작업은 쓴 사람이 해야 합니다. 부모나 강사가 해줘서는 공부가 되지 않습니다.

백지테스트를 시키는 것은 다른 사람이 해줄 수 있지만, 실제로 백지테스트를 하고 확인하는 것은 스스로 해야 합니다. 수학문제집을 다른 사람이 채점해주는 것과는 다릅니다. 백지테스트는 내가 쓴 내용 하나하나를 들여다봐야 하기 때문에 자기가 해야 합니다. 물론 처음에는 익숙하지 않기 때문에 부모나 강사가 도움을 주고, 백지테스트를 어떻게 해야 하는지 이끌어줄 수 있습니다. 그러나 궁극적으로 백지테스트는 셀프테스트로 해야 합니다.

말로 해도 됩니다

백지테스트는 종이에 쓰면서 하는 게 기본이지만, 말로 하는 것도 효과가 좋습니다. 오랄 테스트도 좋은 백지테스트 방법입니다. 쓰는 것을 어색해하거나 아직 감을 잡지 못한 경우에는 오랄 테스트가 더 효과적입니다.

단, 말로 하는 백지테스트는 혼자서 하기는 어렵습니다. 그 내용을 잘 아는 사람이 말로 하는 것을 듣고 제대로 이해하고 있는지를 짚어줘야 합니다. 필요에 따라서는 질문을 던져서 추가적으로 이해 정도를 확인해야 하는 경우도 있습니다. 그래서 이 방법은 크게 권하기는 어렵습니다. 좋은 강사가 옆에 붙어 있어야 효과적이기 때문입니다. 종이에 스스로 쓰고 스스로 확인하는 백지테스트가 더 유용합니다.

수학도 백지테스트 하세요

백지테스트라고 하면 사회나 과학 같은 임기과목에만 좋다고 생각하는 사람이 있습니다. 백지테스트가 이런 과목에 효과적인 것은 맞습니다. 그렇다고 해서 다른 과목에 백지테스트가 적합하지 않은 것은 아닙니다. 방법만 제대로 안다면 백지테스트는 활용도가 높습니다. 수학에서도 백지테스트를 써볼 수 있습니다.

수학에서 백지테스트는 주요 수학 개념의 정의, 성질을 백지에 써보는 것을 말합니다. 문제풀이가 아니라 수학 개념에 집중하는 방법입니다. 우리는 수학을 공부할 때 당장 이 문제를 어떻게 푸는지에만 집중하는 경향이 있습니다. 그러나 수학 실력의 기초는 수학 개념과 공식에 있습니다. 한 번 읽고 넘어가기 쉬운 수학 개념과 공식을 백지테스트를 통해 확인해보는 것은 수학 실력을 탄탄히 하는 데 도움이 됩니다. 문제 풀이는 백지테스트로 하기 어렵지만 수학 개념을 정확히 이해하고 있는지를 확인하는 데는 백지테스트가 효과적입니다. 또한 수학 공식에 대해서도 백지테스트를 써먹어 볼 수 있습니다. 공식을 직접적으로 쓰거나 공식의 증명과정을 백지테스트로 해 보는 것입니다.

수학 개념, 공식 백지테스트는 문제를 틀린 다음에 하면 더욱 좋습니다. 문제를 틀렸는데, 이 문제에서 x라는 개념을 몰라서 틀린 경우를 생각해봅시다. 이때는 문제 풀이 방법을 아무리 공부해봐야 효과가 없습니다. 기본으로 돌아가 모르는 개념 x를 다시 확실하게 다지고 와야 합니다. 그 방법으로 수학 개념 백지테스트를 활용하면 좋습니다. 부족한 수학 개념을 확인하고 공부하는 최상의 방법입니다.

4

백지가 어려우면
목차테스트

  백지테스트는 공부한 내용을 확인하는 가장 좋은 공부법입니다. 그런데 많은 학생들이 백지테스트를 부담스러워합니다. 아무것도 없는 백지에다가 자기가 스스로 내용을 적어나가야 하기 때문입니다. 안 그래도 아는 것도 별로 없는데 다짜고짜 종이에 뭔가를 쓰라고 하니 어디서부터 시작해야 할지 막막하기 때문입니다. 백지테스트가 좋은 공부법임에도 많이 활용되지 못하는 이유가 이것입니다.

목차는 좋은 뼈대입니다

이런 학생들에게 목차테스트가 좋은 대안이 될 수 있습니다. 목차는 책에서 제목, 항목 등을 차례로 늘어놓은 것입니다. 책의 앞부분에 있습니다. 보통 목차는 책의 전체적인 뼈대를 파악할 때 사용합니다. 목차를 보면 어떤 내용이 이 책에 들어있는지, 어떤 순서로 나열되어 있는지를 파악할 수 있습니다. 책에서 필요한 내용을 찾을 때도 목차를 참고합니다.

목차가 책의 뼈대라는 특성을 활용하는 것이 목차테스트입니다. 목차라는 뼈대를 놓고 책의 내용을 채워넣는 공부법이 바로 목차테스트입니다. 아무것도 없는 백지에다가 내용을 적어나가는 것은 힘들지만, 목차라는 설계도가 있는 상태에서 그 여백을 채워나가는 것은 상대적으로 수월합니다. 어느 정도 윤곽이 나와 있으므로 어느 부분에 어떤 내용이 들어가야 하는지를 판단할 수 있습니다. 백지에 코끼리를 그리라고 하면 그림 그리기에 익숙하지 않은 학생은 어디서부터 시작해야 할지 몰라 당황하지만, 코끼리 밑그림이 주어진다면 좀 더 수월하게 코끼리를 그리고 색칠할 수 있습니다.

목차테스는 이렇게 좀 더 수월하게 그림을 그릴 수 있게 가이드라인을 제시하는 공부법입니다. 목차테스트를 해 보면 전체 내용을 다 쓰지는 못하지만, 목차의 한 부분, 한 항목에 대해서는 몇 자라도 적을 수 있습니다. 바로 백지테스트를 시작하지 못하는 학생에게 목차테스트를 먼저 해 보게 하면 적응이 훨씬 쉬워집니다.

처음에는 책 목차 그대로

목차테스트 공부법은 백지테스트 공부법과 기본적으로는 같습니다. 먼저 책의 해당 부분을 공부합니다. 목차테스트는 공부 후 그 내용을 제대로 알고 있는지를 확인하는 공부법이므로 해당 부분 학습이 먼저입니다. 학습 후에는 책에 있는 목차를 기준으로 목차테스트를 합니다.

제3장 정부
제1절 대통령
　제1항 대통령의 헌법상 지위
　　Ⅰ. 의의
　　　1. 정부형태와 대통령의 헌법상 지위
　　　2. 미국식 대통령제의 대통령
　　　3. 한국헌법상 대통령의 지위 변천
　　Ⅱ. 국가원수로서의 대통령
　　　1. 국가와 헌법의 수호자
　　　2. 대외적으로 국가의 대표자
　　　3. 대내적으로 국정의 최고책임자

[목차 예시]

・ 정부형태와 대통령의 헌법상 지위

・ 미국식 대통령제의 대통령

・ 한국헌법상 대통령의 지위 변천

・ 국가와 헌법의 수호자

・ 대외적으로 국가의 대표자

・ 대내적으로 국정의 최고책임자

[목차테스트 예시]

목차테스트를 하기 위해서는 사전 준비가 필요합니다. 책에 있는 목차를 펴놓고 백지를 꺼냅니다. 이제 목차테스트를 하기 전에 백지에 목차를 써줍니다. 책 목차는 보통 대목차-중목차-소목차로 이루어지는데, 책에 있는 가장 작은 단위의 목차를 기준으로 목차테스트를 할 수 있게 목차를 옮겨 적습니다. 이때는 답을 쓸 수 있도록 여유롭게 여백을 주면서 목차를 써야 합니다. 이렇게 준비된 목차테스트 종이를 가지고 책을 덮고 테스트를 봅니다. 각 소목차를 보고 떠오르는 대로 해당 내용을 적습니다.

책 목차를 가지고 목차테스트를 본 다음에는 좀 더 세밀한 목차테스트를 보는 것이 좋습니다. 어차피 목차테스트는 한 번

- 정부형태와 대통령의 헌법상 지위 (대통령제 / 의원내각제)

- 미국식 대통령제의 대통령 (엄격한 권력분립)

- 한국헌법상 대통령의 지위 변천 (절충형)

- 국가와 헌법의 수호자 (헌법 제66조 / 대통령 취임선서)

- 대외적으로 국가의 대표자 (국가원수)

- 대내적으로 국정의 최고책임자 (임명권)

[세밀한 목차테스트 예시]

에 완성되는 것이 아닙니다. 책 목차만으로 테스트를 봐서 어느 정도 아는 내용과 모르는 내용이 확인되었다면 이제 더 정밀하게 목차테스트를 보는 것이 좋습니다. 아는 것과 모르는 것은 구체적으로 확인될수록 좋기 때문입니다.

세밀한 목차테스트는 키워드까지 추가해서 테스트를 보는 것입니다. 앞에서처럼 책 목차를 가지고 목차테스트 종이를 만든 뒤에 각 부분별로 키워드를 뽑아서 적어줍니다. 목차에서 드러나지 않지만, 각각의 부분에서 중요한 내용을 함축하는 키워드를 찾아내서 목차테스트 용지에 써줍니다.

책 목차만 가지고 목차테스트를 할 때는 주요 키워드를 놓칠 수 있는데, 이렇게 키워드까지 포함한 세밀한 목차테스트를 실시하면 꼭 알아야 하는 주요 키워드를 빼먹는 일을 줄일 수 있습니다. 주요 키워드를 정확히 알고 있는지를 확인하는 데 도움이 됩니다. 이런 세밀한 목차테스트는 서술형 시험에서 특히 유용합니다. 서술형 시험에서는 꼭 들어가야 하는 키워드가 포함되어 있는지가 중요한 채점 기준이 됩니다. 아무리 좋은 내용을 쓰더라도 키워드가 없다면 좋은 점수를 받기 힘듭니다. 세밀한 목차테스트를 통해 키워드 암기 여부, 키워드 이해 여부를 확인하면 이런 서술형 시험을 더 잘 준비할 수 있습니다.

5
그래도 어렵다면
문제집

어떤 학생들에게는 목차테스트도 어려울 수 있습니다. 목차라는 좋은 뼈대가 주어지지만 그래도 학생이 채워야 하는 양이 많기 때문입니다. 학습이 충분치 못한 경우에 백지테스트나 목차테스트를 하라고 하면 부담감 때문에 공부에 흥미를 잃을 수도 있습니다. 모두가 이 공부법으로 효과를 볼 수 있는 것은 아닙니다. 이런 학생에게는 전통적인 학습 확인 방법을 사용하는 것이 낫습니다. 문제집입니다.

문제집은 제대로 공부했는지를 잘 확인할 수 있도록 여러 전문가들이 만든 책입니다. 문제집의 원래 용도가 바로 학습의 확인입니다. 무엇을 알고 무엇을 모르는지를 문제를 풀면서 우리는 쉽게 확인할 수 있습니다. 간단히 말해 틀린 문제는 모르는 것이고, 맞은 문제는 아는 것입니다. 누구나 손쉽게 써먹을 수 있는 확인 공부법이 문제집 풀기입니다.

확인하기에는 기출문제가 가장 좋습니다

문제집을 풀면서 학습 내용을 확인할 때 가장 중요한 것은 좋은 문제를 푸는 것입니다. 핵심을 찌르는, 제대로 공부했는지를 확인할 수 있는 그런 문제를 풀어야 합니다. 아무 문제나 푸는 것은 시간 낭비에 불과합니다.

요즘에는 정말 많은 문제를 구할 수 있습니다. 시중에 나와 있는 문제집도 많고, 인터넷에서 예상문제 등을 제공해주는 사이트도 흔합니다. 그 많은 문제 중에서 제대로 된 문제를 선별해야 합니다. 이상하게 꼬아놓은 문제, 꼭 익혀야 할 내용이 아니라 지엽적인 내용을 다루는 문제는 피해야 합니다. 좋은 문제, 수준 높은 문제를 푸는 것이 확인 공부법의 핵심입니다.

가장 좋은 문제는 기출문제입니다. 여러분이 준비하는 대부분의 시험에는 기출문제가 있습니다. 이미 수년, 수십 년 동안 시험을 치르면서 기출문제가 쌓여 있습니다. 이 기출문제가 가장 중요합니다. 제대로 공부했는지, 합격을 해도 될 사람인지를 가려내기 위한 것이 시험입니다. 이를 정확히 가려내기 위해 시험에는 엄청난 시간과 자원이 들어갑니다.

예를 들어 수능은 수십 명의 대학교수와 고등학교 교사가 한 달여간 심혈을 기울여 만듭니다. 기출문제에는 그만큼 많은 시간과 자원이 투입됩니다. 시중에 있는 문제집 속 문제들보다 더 심혈을 기울여 만들어지는 것이 기출문제라는 말입니다. 또한 기출문제는 그 시험에서 가장 중요하게 생각하는 것들을 문제로 만든 것입니다. 그저 그런 내용이 아니라 정말 이것만은 꼭 알아야 한다고 생각하는 내용을 중심으로 기출문제가 만들어집니다.

기출문제만 봐도 이 시험에서 뭐가 중요한지, 어떤 부분에 초점을 맞춰서 공부해야 하는지를 확인할 수 있습니다. 이런 황금 같은 문제들을 놔두고 다른 문제를 먼저 풀 이유가 없습니다. 문제를 풀면서 학습 정도를 확인하려 한다면 기출문제부터 풀어야 하는 이유입니다. 그런데 많은 학생들이 기출문제를 잘 보지 않습니다. 학원이나 출판사에서 그럴듯하게 홍보하는 문제에 먼저 손이 갑니다. 가장 좋은 문제를 외면하고 후순위에 놓여야 할 문제를 풀어서는 제대로 된 확인을 할 수 없습니다.

틀린 문제 분석을 통해
모르는 것을 확인합니다

기출문제를 풀든 문제집의 문제를 풀든 단순히 문제를 풀고 채점만 하는 것으로 끝나서는 안 됩니다. 학습을 확인하는 것은 좀 더 세밀한 접근이 필요합니다. 보통 문제를 풀면 채점을 하고, 틀린 문제는 해답을 읽어보는 정도로 공부합니다. 여기서 그치면 확인의 의미가 약합니다. 공부의 확인이라 하면 어떤 것을 모르는지를 확실히 해야 합니다. 문제를 왜 틀렸는지를 분명히 해야 제대로 된 확인이라 할 수 있습니다. 문제를 틀리는 이유는 다양한데, 그 이유를 명확하게 밝혀야 합니다. 어떤 개념을 몰라서 틀렸는지, 개념을 적용하는 데 있어서 실수가 있었는지, 문제를 잘못 이해했는지를 확실하게 파악해야 합니다.

수학 문제를 풀 때 이런 접근법이 특히 유용합니다. 수학 문제를 틀렸다면 그냥 정답지에 있는 해설을 한 번 보고 끝낼 것이 아닙니다. 그래서는 제대로 된 확인을 할 수 없습니다. 자기의 풀이와 해답지의 풀이를 한 줄 한 줄 비교해가며 어느 지점에서 error가 있었는지를 체크해야 합니다.

같은 이차함수 문제를 틀렸다고 해도 사람마다 틀린 이유는 다르기 때문입니다. 함수라는 개념 자체를 이해하지 못한 사람도 있을 수 있고, 함수식을 전개해나가는 과정에서 잘못을 범한 사람도 있을 수 있습니다. 또 다른 사람은 이 문제를 풀기 위해 필요한 다른 공식을 떠올리지 못했을 수도 있습니다. 이런 여러 가지 이유를 확인하지 않고, 그냥 해설지만 읽고 넘어가는 것은 올바른 확인이 아닙니다.

1타 강사가 아무리 문제를 잘 해설해 준다고 해도, 내가 그 문제 틀린 이유를 발견하지 못하면 그 문제는 다시 틀릴 수밖에 없습니다. 문제를 풀고 나면 왜 틀렸는지를 끝까지 따져봐야 하는 이유입니다. 이런 분석과정을 거치지 않으면 수백 문제를 풀어봐야 소용없습니다. 한 문제를 풀더라도 제대로 된 분석을 거쳐야 그게 실력으로 쌓입니다.

정리하자면 가장 수준 높은 문제인 기출문제를 풀어서 공부를 확인하고, 틀린 문제를 철저히 분석해서 내가 뭘 모르는지를 분명히 해야 합니다. 그것이 확인 학습법입니다.

6

결국은 스스로
문제 내기

모르는 것을 확인하기 위해 문제집을 풉니다. 이때의 문제는 다른 사람이 낸 문제입니다. 그런데 재밌는 건 문제를 풀 때보다 문제를 낼 때 더 공부가 된다는 사실입니다. 문제를 푸는 건 내용을 잘 몰라도 할 수 있지만, 문제를 내는 건 내용을 잘 이해해야 가능하기 때문입니다. 문제 풀기는 좋은 공부법이지만, 문제를 내는 것은 훨씬 좋은 공부법입니다.

6학년 때 익힌, 문제 내기 공부법

저는 이 공부법을 초등학교 6학년 때 배웠습니다. 6학년 담임선생님께서는 매일 스스로 문제 내는 것을 숙제로 내주셨습니다. 그날 학교에서 배운 것을 문제로 만들고 스스로 풀어야했습니다. 수학은 학교에서 배운 문제를 숫자만 바꿔서 내는것이었고, 국어, 사회, 과학은 매일 5문제씩 문제를 내야 했습니다. 한 번도 해 보지 않았던 숙제였습니다.

처음에는 너무 힘들었습니다. 초등학교 때는 문제집도 제대로 풀지 않을 때였는데, 문제를 푸는 것도 아니고 문제를 내야하는 숙제는 버거웠습니다. 그래도 매일같이 문제를 내다 보니어느 순간부터는 문제를 내는 게 자연스러워졌습니다.

언젠가부터는 문제를 내면서 고민을 하게 되었습니다. 어차피 나 혼자만 푸는 문제지만 이왕 문제를 낼 거 좀 더 좋은 문제를 내고 싶었습니다. 이왕이면 중요한 부분에서 문제를 내고, 뭔가 함정도 파고 싶어졌습니다. 그렇게 문제 내는 데 진심이되면서 문제 수준은 조금 올라갔습니다. 다른 사람에게 풀게 해본 적은 없으니 기분 탓일 수는 있지만, 하나는 분명했습니다.

시험문제를 보는 눈이 길러졌습니다. 시험문제를 출제하는사람의 마음을 이해할 수 있었습니다. 어디에서 함정을 파고,

어떻게 문제를 꼬아서 내는지를 느낄 수 있었습니다. 문제집을 풀지도 않았는데 문제집을 푼 것보다 더 좋은 것을 얻었습니다. 이때 길러진 문제를 보는 시야는 이후에 제 공부에 있어 큰 도움이 되었습니다. 공부를 할 때 어떤 부분에서 시험문제가 어떻게 나올지 감을 잡을 수 있는 것은 아주 큰 무기라고 할 수 있습니다.

저뿐만 아니라 다른 친구들도 이런 효과를 본 것 같습니다. 객관적으로 검증된 것은 아니지만 당시 같은 반 친구들 대부분이 좋은 대학에 진학했습니다. 서울 외곽의 한 초등학교의 한 반에서 서울대 법대 한 명, 연세대 법대 한 명, 경희대 의대 한 명이 나왔습니다. 문제 내기 숙제 때문만은 아니겠지만 이 숙제를 한 친구들에게 뭔가 좋은 효과가 있었던 것은 맞는 듯합니다.

고시공부를 끝낸 비법

제가 고시공부를 하던 때 가장 어려운 과목은 민법이었습니다. 양도 제일 많고, 내용이 어렵기도 했습니다. 로스쿨 시대인 지금도 민법은 여전히 가장 어려운 과목으로 꼽힐 것입니다.

이 방대하고 어려운 민법을 공부하면서 제가 택한 방법이 스스로 문제 내기였습니다.

민법의 수많은 개념과 내용을 직접 문제로 만들었고, 이걸 반복해서 풀면서 공부했습니다. A4 용지 한 장을 8등분해서 앞면에는 문제를 적고, 뒷면에는 답을 적었습니다. 이렇게 만든 문제카드를 한 뭉치씩 가지고 다니면서 틈나는 대로 풀었습니다. 틀린 문제는 다시 보고, 맞은 문제는 보관해두는 방식으로 공부하니 제가 잘 모르는 부분이 확실해지고, 그 부분만 반복적으로 계속해서 보게 되었습니다. 모르는 부분을 확인하는 데 최적화된 공부법입니다. 이 공부법으로 민법을 공부해서 저는 좋은 결과를 얻었습니다. 긴 수험생활을 끝낼 수 있었던 비결이 바로 스스로 문제 내기 공부법이었습니다.

어떻게 문제를 낼까?

스스로 문제 내기를 할 때 5지선다 같은 객관식 문제를 만들 필요는 없습니다. 모르는 것을 확인하는 용도이기 때문에 간단하게 만들어도 충분합니다. OX 문제, 괄호 넣기 문제로 하면 됩니다. 문제를 처음 낼 때는 막막할 수 있습니다. 그럴 때는 교과서에 있는 문장을 그대로 가지고 문제를 만듭니다.

> 태양 복사 에너지를 흡수한 지표와 대기는 지구 복사 에너
> 지를 우주 공간으로 방출하는데, 이 에너지는 약 70%로 지
> 구가 흡수한 태양 복사 에너지양과 같다.

중학교 3학년 과학 교과서의 한 문단입니다. 이 부분을 문제
로 만든다면 이렇게 해 볼 수 있습니다.

- 태양 복사 에너지를 흡수한 지표와 대기는 (   )를 우주 공간
으로 방출한다.

교과서 문장을 살짝만 비틀면 OX 문제도 금방 만들 수 있습
니다.

- 기압의 크기는 공기 기둥의 무게와 비례하므로 높은 곳으로 올라갈수록 기
압이 낮아진다.
  → 높은 곳으로 올라갈수록 기압은 높아진다. (O, X)

문제를 낼 때 제가 했던 것처럼 카드 스타일로 만들면 휴대

하기 좋습니다. 앞면에는 문제를 뒷면에는 정답을 적고, 스스로 낸 문제를 풀어본 후 뒷면의 정답을 확인합니다. 여러 개의 카드를 링으로 묶어 가지고 다니면 틈틈이 자투리 시간을 활용할 수 있습니다.

카드 스타일이 아니면 노트에 문제를 써도 됩니다. 이때는 노트를 반 접어서 한쪽에는 문제를 내고 다른 한쪽에는 정답을 적습니다. 이렇게 문제와 정답을 구분해야 문제를 볼 때 정답을 같이 보는 사태를 방지할 수 있습니다. 실제로 문제를 풀 때는 정답 부분을 가리거나 반대쪽으로 접으면 됩니다.

4장

암가:
안 외우고
1등급 없다

암기는
눈으로만 할 수 없다

　암기를 하라고 하면 눈으로만 보는 사람이 있습니다. 아무 생각 없이 읽기만 합니다. 책을 붙잡고 앉아만 있는 사람입니다. 이렇게 공부하고 나면 남는 것이 없습니다. 시간은 시간대로 쓰고, 허리와 목도 뻐근한데 실제로 암기한 것은 없습니다.

　수동적으로 눈으로만 보면서 공부하는 것은 암기에 도움이 되지 않습니다. 우리가 등산을 간다고 생각해봅시다. 등산을 할 때 눈을 뜨고 여기저기 바라보면서 올라가는데, 정상까지 올라가서 돌이켜보면 뭘 봤는지 기억나는 것은 많지 않습니다. 가을이라 그런지 꽃이 폈던 것 같아. 큰 바위가 있었지. 어떤 사람과 마주쳤는데 잘 생각이 안 나네. 이런 식입니다. 그냥 보기만 한 것은 우리 기억 속에 남지 않습니다.

공부에서도 마찬가지입니다. 어떤 것이 기억에 잘 남을까요? 등산을 하는데 갑자기 뭔가가 확 지나가서 깜짝 놀랐습니다. 뭔가 하고 봤더니 청솔모 한 마리가 뛰어가고 있었네요. 이 청솔모는 기억에 남습니다. 산길을 올라가는데 음악을 시끄럽게 틀면서 내려오는 등산객을 봤습니다. 나중에 친구한테 투덜거리면서 그 등산객 얘기를 상세하게 할 수 있습니다.

"아까 산에서 말야, 빨간 옷을 입은 남자가 시끄럽게 음악을 들으면서 다니더라고. 음악도 이상한 거 틀고 말이지. 조용하게 경치 좀 즐기려고 했더니 다 망쳤어."

이 등산객에 대한 기억이 선명한 것은 눈으로만 보지 않고 여러 가지 감각기관을 통했기 때문입니다. 눈으로 보고, 귀로 들었으며, 동시에 불쾌하다는 느낌까지 같이 저장되었기 때문입니다. 이처럼 기억에 오래 남으려면 여러 가지 감각을 활용해야 합니다. 눈으로만 보는 것은 암기에 큰 도움이 되지 않습니다.

기억에 여러 개의 꼬리표를 붙이자

기억이라는 것은 결국 나중에 뇌에서 잘 꺼내기 위함입니다. 잘 꺼내려면 생각이 잘 나야 합니다. '아 그거 뭐지…' 하면서 뇌가 뿌옇게 돼서는 안 되고, 그 생각을 뇌에서 꺼낼 수 있어야 합니다. 이때 하나의 기억에 여러 개의 꼬리표가 붙어있다면 그 기억을 찾아내고 꺼내기가 쉬워집니다.

컴퓨터나 핸드폰에 사진을 저장했다가 나중에 다시 찾는 경우를 생각해봅시다. 갑자기 아이가 수행평가를 하기 위해 여행 갔던 사진이 필요하다고 합니다. 사진은 컴퓨터에 저장되어 있습니다. 그런데 사진이 수천 장입니다. 아이가 태어나기 전부터 찍은 사진이 컴퓨터에 가득 들어 있습니다. 여기서 딱 원하는 사진을 찾는 건 막막한 일입니다.

수많은 사진을 일일이 열어보면서 찾는 것은 너무 비효율적입니다. 이때 빠르게 찾으려면 몇 가지 단서가 필요합니다. 날짜도 좋고, 사진에 찍힌 인물도 좋습니다. 특정 장소도 좋은 단서가 됩니다. 이러한 단서가 꼬리표입니다. 꼬리표를 컴퓨터에서는 태그라는 이름으로 부릅니다. 하나의 사진에 여러 개의 태그가 달려있다면 그 태그를 가지고 사진을 쉽게 찾을 수 있습니다. '2018년 7월', '발리', '×× 리조트'라는 3개의 태그로 휴가 때 찍은 사진을 쉽게 확인할 수 있습니다.

여러 개의 감각기관으로 기억하는 것은 하나의 사건에 여러 개의 꼬리표를 붙인 것과 같습니다. 음악을 크게 듣는 등산객을 본 기억을 다시 살펴볼까요. 우리는 눈으로 등산객을 봤고, 시끄러운 음악을 들었습니다. 날짜, 산, 등산객의 모습, 음악, 불쾌했던 기분 등 여러 개의 태그를 붙일 수 있습니다. 등산을 하면서 그냥 스쳐 지나간 나무보다 더 많은 꼬리표가 붙습니다. 그 태그들이 기억의 저장과 인출을 활성화합니다.

낭독: 여러 개의 감각기관을 활용합니다

여러 감각기관을 활용하는 공부법 중 가장 기본적이면서도 효과가 좋은 것은 낭독입니다. 낭독은 책을 읽는 공부법입니다. 낭독을 할 때 우리는 세 가지 감각기관을 활용하게 됩니다. 눈, 입, 귀입니다. 눈으로 본 것을 입으로 말하고, 말한 것을 귀로 듣습니다. 하나의 내용을 세 개의 채널로 입력하는 것입니다. 하나의 내용에 세 가지 꼬리표가 달리는 셈입니다.

낭독은 뇌의 여러 부위를 동시에 자극하면서 여러 개의 꼬리표를 붙이는 공부법입니다. 단지 눈으로 읽기만 했을 때보다 낭독을 하면 더 잘 기억되는 이유입니다. 그래서 암기를 목적으로 공부할 때는 소리 내서 읽는 게 좋습니다. 영어단어를 외울 때 눈으로는 스펠링을 보면서 단어를 소리 내어 읽으면 더 효과가 좋습니다.

영어단어 스펠링을 손으로 쓰면서 하는 암기법과 영어단어를 소리 내서 읽으면서 하는 암기법을 비교해보면 낭독하면서 외우는 공부법이 더 암기가 잘됩니다. 더 많은 감각기관을 활용해서 더 많은 꼬리표를 붙여주기 때문입니다.

감각기관을 많이 활용할수록 더 좋습니다

수행평가를 위해 ppt 원고를 외워야 하는 경우를 생각해봅시다. ① 원고를 눈으로 보고 외우기 ② 원고를 소리 내서 읽으면서 외우기 ③ 진짜 프레젠테이션을 실제로 해 보면서 외우기 중 가장 효과가 좋은 것은 ③입니다. ppt 화면을 띄워놓고 한장 한 장 넘겨 가면서 프레젠테이션 원고를 읽어보는 것이 원고를 암기하는 가장 좋은 방법입니다. 이때는 눈, 입, 귀뿐만 아니라 온몸을 다 활용하기 때문입니다. 즉 감각기관을 많이 활용할수록 암기의 효과는 더 좋습니다.

그래서 암기를 할 때 집중을 위해 움직이면서 하는 것도 좋은 방법이 될 수 있습니다. 저는 공부할 때 너무 공부가 안되거나 기분전환이 필요할 때는 걸으면서 암기를 했습니다. 공부할 내용이 담긴 작은 메모장을 갖고 걸어 다니면서 한 번 쓱 보고 머릿속으로 떠올려봅니다. 어느 정도 머릿속으로 정리가 되면 제대로 외웠는지 확인하고, 다음으로 넘어갑니다. 조금 미친 사람처럼 보일 수도 있겠지만 공부 내용을 작은 소리로 웅얼거리면서 공부했습니다. 이런 식으로 걸으면서 공부하는 건 뇌를 여러 단계로 자극하는 좋은 암기법입니다.

2
필기,
쓰면서 기억하기

필기는 뇌를 자극합니다

우리는 공부할 때 필기를 합니다. 주로 강의를 들을 때 필기를 많이 하죠. 강의를 잘 따라가기 위해, 강의 내용을 나중에 확인하기 위해 필기를 합니다. 강의를 들을 때 필기를 하면 집중력이 높아지는 효과도 있습니다. 가만히 듣기만 하는 것보다 들으면서 쓰는 것이 더 좋습니다.

필기는 강의를 들을 때도 좋지만, 암기를 할 때도 도움이 됩니다. 더 잘 기억하는 방법입니다. 그냥 눈으로만 읽는 것보다 쓰면서 공부하는 것이 더 잘 외워집니다.

쓰면서 외우는 것의 효과가 더 좋은 이유는 손으로 쓰는 것이 우리 뇌를 더 잘 자극해주기 때문입니다. 손과 우리 뇌는 연결되어 있는데 손을 움직이면 그 행동이 우리 뇌에 긍정적인 영향을 줍니다. 손을 움직이려면 뇌의 여러 부위가 필요합니다. 내 생각대로 손을 움직인다는 것은 생각보다 고도의 뇌 활동을 요구합니다.

이는 인류의 진화사를 봐도 알 수 있습니다. 인류가 나무에서 내려와 두 발로 걷기 시작하면서 손이 자유로워졌습니다. 손으로 많은 것을 할 수 있게 되었습니다. 손으로 도구를 만들고, 그 도구로 새로운 활동을 하는 등 손의 쓰임새가 많아졌습니다. 그 과정에서 뇌가 발달했습니다. 다른 동물을 봐도 손을 잘 쓰는 동물의 지능지수가 높은 편입니다.

또한 필기를 하면서 내용을 재구성하게 되는데, 이는 뇌를 계속 쓰게 만듭니다. 필기는 본 대로, 들은 대로 쓰는 것이 아닙니다. 강의를 들으면서 이해를 하고 그 내용을 자기 것으로 소화한 다음에 자기 언어로 필기하는 것입니다. 책을 읽고 그 내용을 베끼는 것이 아니라 정리하는 것입니다. 이처럼 자기 것으로 소화하고 그것을 쓰는 과정에서 더 복합적이고 고도의 지적 활동이 이루어집니다.

그리고 필기는 뇌로 입력한 내용을 출력하는 것이기 때문에 기억을 더 강화해 줍니다. 앞서 살펴보았듯이 우리 뇌는 입력보다 출력을 더 중요시합니다. 뇌는 꺼내는 내용을 더 중요하다고 생각해서 더 오랫동안 기억하려고 합니다. 필기하는 과정에서 출력이 자연스럽게 일어나기 때문에 우리 뇌는 필기하는 내용을 중요하다고 판단해서 더 오랫동안 기억하게 됩니다.

필기의 방법 1: 예쁘게 쓰지 않아도 됩니다

정말 그림처럼 예쁘게 필기하는 친구가 있습니다. 여러 가지 색을 써서, 마치 인쇄된 책을 보는 것처럼 필기하는 사람이 있습니다. 각종 그림을 그리고 예쁜 글씨로 필기하는 경우입니다.

이렇게 필기해야 하는 것은 아닙니다. 예쁘게 필기하지 않아도 됩니다. 필기에서 중요한 것은 미적으로 뛰어난 것이 아닙니다. 예쁘게 필기할 수 있다면 좋은 재능이지만, 필기에 있어 꼭 필요한 재능은 아닙니다. 필기를 예쁘게 하기 위해 남들보다 더 많은 시간을 써야 한다면 그것은 배보다 배꼽이 큰 경우입니다.

필기의 본질은 내용을 정리하고 이를 글로 쓰는 것입니다. 물론 내용을 알아볼 수도 없게 쓰면 안 됩니다. 자기만 알아볼 수 있는 글씨는 피하는 것이 좋습니다. 어느 정도 깔끔할 필요는 있습니다. 그리고 맥락에 맞게, 잘 정리해서 필기를 해야 합니다. 필기한 것을 나중에 다시 읽어야 하는데, 중구난방 식으로 쓰인 것은 본인도 알아보기 힘듭니다. 그런 필기는 공부에 별 도움이 되지 않습니다.

글씨에 자신이 없다면 컴퓨터나 태블릿 등 디지털기기로 필기하는 것도 한 방법입니다. 손글씨가 더 낫다, 디지털기기로 하는 것은 좋지 않다는 의견도 있습니다만, 잘 알아보지 못하는 글씨로 스트레스받는 것보다는 낫습니다. 요즘은 필기를 도와주는 노트 앱도 많이 나와 있어서 이를 활용하면 더 체계적으로 필기할 수 있습니다. 디지털기기로 필기하면 내용을 정리하고 보관하기도 쉽습니다.

필기의 방법 2:
필기는 받아쓰기, 베껴 쓰기가 아닙니다

필기를 하라고 하면 들은 대로 다 쓰는 사람이 있습니다. 속기를 하듯이 말이죠. 속기는 모든 내용을 정확하게 기록하는 것을 목적으로 빨리 쓰는 것입니다. 보통 공적인 회의에서 속기를 쓰는데, 이는 회의에서 발언 하나하나가 중요하기 때문입니다. 아 다르고 어 다른 경우를 대비해서 정확히 빨리 쓰는 것이 속기입니다.

필기는 속기가 아닙니다. 필기는 들은 것을 재구성해서 핵심적인 내용을 적는 것입니다. 흘려 넘겨도 되는 선생님의 농담까지 다 일일이 적는 것은 필기가 아닙니다. 들은 내용 중 중요한 것을 적고 정리하는 것이 필기입니다. 강의가 아니라 책을 읽으면서 공부할 때는 내가 읽은 내용을 정리하는 것이 필기입니다. 받아쓰기, 베껴 쓰기를 필기라고 하지 않습니다.

필기의 핵심은 눈, 귀를 통해 받아들인 내용을 머릿속에서 내 것으로 소화한 다음 정리해서 쓰는 것입니다. 단순히 쓰는 것이 아닙니다. 좋은 필기는 그 자체만 봐도 내용이 이해되고 떠올라야 합니다. 필기는 쓰는 것에서 그치지 않고 이후의 복습으로 이어져야 하기 때문입니다.

필기의 방법 3:
깜지는 도움이 되지 않습니다

암기를 할 때 깜지라고 해서 외울 내용을 종이에 쓰면서 외우는 방법이 있습니다. 영어단어를 외울 때 "school 학교, school 학교, school 학교"를 반복해서 쓰면서 외우는 것이 깜지입니다. 종이를 까맣게 채운다고 해서 깜지라고 불렸던 것 같습니다. 제가 학교 다닐 때는 이렇게 쓰면서 외우라고 시키는 교사도 있었습니다. 요즘도 이런 방법으로 암기를 시키는 사람들이 있습니다.

깜지는 필기가 아니고 암기에도 큰 도움이 되지 않습니다. 이렇게 외우면 암기가 조금은 될 수 있지만 들이는 노력에 비해 큰 효과는 없습니다. 단순 반복이라서 공부 의욕만 떨어뜨립니다. 쓰면서 외워야 한다는 말을 오해하면 안 됩니다. 무작정 쓴다고 다 외워지는 것도 아닙니다. 효율적으로 외우려면 잘 써야 합니다. 단순히 여러 번 쓰는 것은 공부가 아니라 시간 때우기에 그칠 위험이 있습니다.

암기와 수면

암기하기 좋은 시간: 자기 직전

암기를 하기 제일 좋은 시간은 언제일까요? 머리가 맑을 때가 제일 좋겠지만 이렇게 머리가 잘 움직이는 때는 하루 중에 잘 없습니다. 공부는 매일 꾸준히 해야 하는데 머리가 잘 돌아갈 때만 찾아서 공부할 수도 없습니다. 일반적인 공부가 아니라 암기만 놓고 생각한다면 제일 좋은 시간은 자기 직전입니다. 암기해야 할 것이 다른 정보로 뒤덮이지 않기 때문입니다.

우리 뇌는 들어오는 정보를 다 받아들입니다. 정보의 중요성, 가치를 선별하는 작업을 하기 이전에 일단은 다 받아들입니다. 이 과정에서 중요한 정보와 그렇지 않은 정보가 섞일 수 있습니다. 뇌는 중요한 정보만 골라서 받아들이지 못합니다. 우리가 집중을 하면 집중하는 정보만 받아들일 수도 있지만 현실적으로 이런 집중은 쉽지 않습니다 몰입이라고 할 정도의 집중력을 늘 유지할 수 있는 사람은 드뭅니다. 보통은 여러 정보를 동시에 받아들입니다.

인강을 듣다가 TV 소리에 잠깐 눈을 돌리면 인강 내용을 놓칠 수 있습니다. 열심히 공부하는데 친구가 말을 걸어서 집중력이 깨지고 공부하던 내용을 까먹을 수 있습니다. 영단어 100개를 외운 뒤에 잠시 쉰다고 딴짓을 하면 다른 정보가 영단어 정보의 기억을 방해하게 됩니다. 열심히 외우려고 노력해도 시간이 흐를수록 암기량이 줄어드는 법인데, 외운 뒤에 딴짓을 하면 암기했던 것을 더 많이 잊어먹게 됩니다.

외운 다음에 바로 자면 다른 정보가 들어올 틈이 없습니다. 암기했던 내용이 비교적 온전하게 뇌에 자리 잡을 수 있게 됩니다. 뇌는 할 일이 많기 때문에 너무 많은 정보가 들어오면 아주 시급하거나 꼭 필요한 것이 아니면 잊어버립니다. 암기를 잘 하려면 외우는 것 이외에 다른 정보가 뇌에 들어가는 것을 줄여야 합니다. 수면이 이를 도와줍니다. 정보 입력을 감소시킵니다.

다음 날이 시험이라면 마지막에 외워야 할 내용은 자기 직전에 몰아서 공부하는 것도 좋습니다. 낮에는 이해 위주로, 문제 풀이 위주로 공부하다가 꼭 외워야 할 포인트들은 자기 직전에 집중적으로 암기해 주는 것입니다. 이때 외운 정보들이 다음 날 시험에서 잘 기억납니다. 10분 정도 간단히 낮잠을 자면서 휴식을 취하는 경우에는 마찬가지로 낮잠 전에 암기를 해주면 좋습니다.

자기 직전에 외우는 것이 좋다고 해서 모든 암기를 밤으로 다 미룰 수는 없습니다. 공부할 것은 많고, 외울 것도 많습니다. 이럴 때 쓸 수 있는 방법이 바로 암기 후 눈감기입니다. 자는 것까지는 아니지만 눈을 감는 것만으로도 다른 정보가 뇌로 들어가는 것을 상당 부분 줄일 수 있습니다. 공부하고 쉬는 시간에 게임을 하면 눈으로 들어오는 정보를 처리하느라 뇌가 쉬지 못하는데, 공부를 한 뒤 눈을 감으면 뇌에 입력되는 정보가 줄어듭니다. 귀로 듣는 정보는 있겠지만, 시각의 차단만으로도 암기에는 큰 도움이 됩니다. 암기할 내용을 공부한 뒤 눈을 감고 떠올려보는 것은 더욱 좋은 방법입니다. 정보의 입력을 줄이면서 머릿속으로 내용을 떠올리면 복습도 되고, 더 기억을 잘할 수 있습니다.

충분히 자야 합니다

우리 뇌는 자는 동안 기억을 정리합니다. 하루에 들어온 수많은 정보들을 분류하고, 기억할 것은 기억하고, 버릴 것은 버리는 작업이 자는 동안 이루어집니다. 수면하는 동안 단기기억이 장기기억으로 전환됩니다. 우리가 충분히 수면을 취해야 하는 이유가 여기에 있습니다.

또 수면이 부족하면 집중력, 판단력, 기억력 등이 전체적으로 떨어져 다음 날 공부에도 지장을 초래할 수 있습니다. 불면증이 있어 잠을 푹 못 자는 집단은 그렇지 않은 집단에 비해 기억력이 떨어졌다는 연구 결과도 있습니다.

아무리 많이 공부했어도 수면이 부족하면 공부한 것이 허사가 됩니다. 실제로 벼락치기로 공부하겠다고 밤새 잠도 안 자고 공부했다가 다음 날 시험을 망친 경험이 한 번씩은 있을 겁니다. 당장 공부해야 할 것이 많으니 마음은 급해지고, 잠을 줄여서라도 공부를 하려는 마음은 이해하지만 잠자는 시간을 확보하는 것이 공부에는 더 도움이 됩니다.

체력 편에서 수면의 중요성, 잘 자는 법에 대해 자세히 얘기하겠습니다. 충분히 자는 방법에 대해서는 해당 내용을 참고해 주세요.

상상하라 외워질지니

많은 사람들은 암기를 딱딱하고 지루한 일로 생각합니다. 해야 하니까 암기를 하지만 재미없는 공부라고 여깁니다. 강의를 듣거나 혼자 문제를 푸는 것보다 암기를 더 싫어하는 사람이 많습니다. 이해력이 좋은 사람들이 특히 더 그렇습니다.

그런데 사실 암기는 지루한 공부가 아닙니다. 지루하게 암기하기 때문에 암기가 재미없는 것입니다. 그리고 재미없게 암기하면 암기 효율도 떨어집니다. 재미없는 암기는 뇌를 자극하지 못하기 때문입니다. 여러 번 말하지만 뇌를 다양하게 자극하는 것이 암기를 잘하고, 공부를 잘하는 비결입니다.

지루한 암기는 뇌를 잘 자극하지 못합니다. 낮은 목소리로 하나의 톤으로 강의하는 선생님을 생각해보세요. 졸리기만 하죠? 강의가 잘 안 들어오죠. 재미없게 암기하면 뇌도 입력을 거부합니다. 부모님 세대의 대표적인 암기 방법인 종이에 빽빽하게 쓰면서 외우기는 이런 이유로 추천하지 않습니다.

상상하면 암기가 재밌어집니다

암기를 효과적으로 하는 방법은 상상하며 암기하는 것입니다. 기억하고자 하는 것을 구체적으로 상상하는 것입니다. 암기 사항을 머릿속으로 그림을 그리면서 떠올려보는 것입니다.

이런 상상은 이해를 돕습니다. 그림이나 사진 한 장 없는 책을 읽을 때 우리는 책의 내용을 잘 이해하기 어렵습니다. 문장으로만 쓰여있으면 책 내용을 선명하게 받아들이기 힘듭니다. 그래서 책에 이해를 돕기 위한 사진이나 그림을 넣는 겁니다.

중학교 역사 교과서를 예로 들어보죠. 다음은 인도 문명에 대한 설명입니다.

> 아리아인은 원주민을 지배하기 위해 카스트제라는 신분 제
> 도를 만들었다. 이들은 태양, 물, 불 등 자연 현상을 다스리
> 는 신에게 제사를 지냈으며, 신을 찬양하는 경전인 베다를
> 완성하였다. 이 과정에서 브라만교가 성립하였고 지배 계
> 급인 브라만은 종교적 권위를 통해 특권을 누렸다.
>   – 중학교 역사 ①, 비상교육

이렇게 글만 쓰여있을 때와 다음과 같이 참고할 수 있는 그
림이 있을 때를 비교해보세요. 카스트제가 어떻게 구성되며 브
라만이 특권계급이라는 것이 한눈에 들어옵니다.

이해뿐만 아니라 암기에서도 이런 그림이 도움을 줍니다.
'인도 카스트제도-브라만-특권'이라고 100번 외우는 것보다 이
그림 하나를 머릿속으로 떠올려보는 것이 암기에는 더 효과적
입니다.

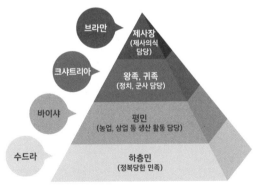

[카스트제의 신분 구성]

그렇지만 모든 글과 책에 그림과 사진이 있지는 않습니다. 내가 외워야 할 내용에 관련된 그림이 없는 경우가 더 많습니다. 학교에서 나눠주는 프린트물에 암기에 필요한 그림이 없을 수 있습니다. 내가 암기용으로 요약한 노트에 그림은 붙어있지 않습니다. 스스로 상상하면서 암기를 해야 합니다.

또한 상상하면서 암기를 하면 암기가 재밌어집니다. 글만 읽는 것은 너무 지루한 일입니다. 글을 잘 읽는다는 것은 쉬운 일이 아니고, 그래서 글을 잘 읽는 능력을 테스트하는 것입니다. 글만 읽고 암기하는 것은 더욱 재미없는 일입니다. 상상이 필요합니다.

소화 과정에 대한 과학 교과서 지문은 다음과 같이 되어 있습니다.

녹말은 침 속에 들어있는 아밀레이스라는 소화 효소에 의해 엿당으로 분해된다. 입에서 소화된 음식물은 식도를 거쳐 위로 이동한다. 위에 음식물이 들어오면 위샘에서 위액이 분비되어 음식물과 섞인다. 위액에는 소화 효소인 펩신과 강한 산성을 띠는 염산이 들어 있으며, 펩신과 염산의 작용으로 음식물 속의 단백질이 분해된다. 소장에 음식물이 들어오면 이자액, 쓸개즙 등이 소장으로 분비되어 음식물과 섞인다.

이렇게 딱딱한 내용을 암기할 때 그냥 외우지 말고, 음식물이 입으로 들어와 소화기관을 하나씩 거치면서 내려가는 과정을 머릿속으로 상상해보세요. 입에서는 침이 나오고, 위에서는 위액이 나오고 그에 따라 음식물이 조금씩 소화되어가는 과정을 그려보면서 암기를 하면 암기가 조금은 재밌어질 수 있습니다.

오감을 다 활용해서 상상하라

영화를 볼 때 소리가 없이 화면만 나온다면 영화의 재미가 반으로 줄어들 것입니다. 대사와 음악이 함께 있어야 영화를 재밌게 볼 수 있고, 영화 내용도 더 생생하게 기억할 수 있습니다.

요즘에는 4D라고 해서 시각과 청각 이외에 다른 감각기관으로도 영화를 즐길 수 있습니다. 주인공이 자동차를 타고 추격전을 할 때 극장 의자가 앞뒤로 움직이거나, 공포영화에서 갑자기 바람을 불어서 깜짝 놀라게 합니다. 이런 특수효과는 영화에서 벌어지는 상황을 더 잘 느낄 수 있게 해줍니다.

상상으로 기억할 때도 마찬가지입니다. 그냥 그림만 떠올리는 것보다 소리나 움직임까지 같이 상상하는 것이 더 효과적입니다. 앞서 살펴보았던 소화 과정을 암기할 때 이왕이면 내가 좋아하는 음식을 먹는 상상을 해 보면 어떨까요? 엄마가 해준 불고기를 젓가락으로 집어 입에 넣고 그 불고기가 천천히 움직이면서 소화되는 상상을 하는 겁니다. 불고기의 맛과 향부터 씹는 느낌까지 상상하면 소화 과정이 더욱 생생하게 느껴집니다. '불고기가 식도를 지나서 위에 들어갔어. 여기서는 위액이 나와서 불고기와 잘 섞이겠네.' 이렇게 말이죠.

상상하며 암기할 때는 오감을 다 활용해서 최대한 많은 감각으로 기억해야 좋습니다. 우리 뇌를 다양한 방법으로 자극해주면 기억이 더 잘 나기 때문입니다. 입으로는 말하고 동시에 쓰면서 외우는 암기법이 효과적이라고 앞에서 말했잖아요. 마찬가지의 원리가 상상에서도 적용됩니다. 상상할 수 있는 모든 감각을 다 써가면서 암기를 하면 암기가 훨씬 더 잘됩니다.

암기량을
줄여라

지금까지 암기를 잘할 수 있는 효과적인 방법들에 대해 알아봤습니다. 이런 방법을 잘 활용해서 암기를 하면 더 쉽게 더 잘외울 수 있습니다. 그런데 암기량이 많다면? 아무리 좋은 방법을 써도 어려움을 겪을 수밖에 없습니다.

가장 좋은 암기법은 암기량을 줄이는 것입니다. 암기량을 줄이면 적은 양만 외우면 됩니다. 100을 외워야 하는 시험에서 암기량을 70으로 줄일 수 있으면 100을 다 외우는 친구보다 더 좋은 결과를 기대할 수 있습니다. 성실하게 공부하고, 딴짓도 잘 안 하는 친구보다 놀 거 놀면서 공부를 조금밖에 안 하는 친구가 시험을 더 잘 본다면 암기량의 차이일 수 있습니다. 1등급 학생은 같은 양을 더 잘 외우기도 하지만 암기량 자체를 더 잘 줄일 줄도 압니다. 효율적으로 공부할 줄 아는 학생은 암기량을 줄입니다.

고시공부는 공부해야 할 양이 정말 많습니다. 수능시험과 비교하면 말도 안 되는 양을 공부해야 합니다. 머리가 좋은 사람이 성실히 공부해도 따라가기 힘든 양입니다. 한 과목만 해도 두꺼운 책과 문제집을 여러 권 봐야 하는데 시험 과목도 많습니다. 그럼 이런 시험에 붙은 사람은 다 천재일까요? 아니면 하루 종일 공부만 한 걸까요? 그런 사람도 있겠지만, 대부분의 합격생은 공부량을 잘 조절한 사람입니다. 암기의 우선순위를 잘 정하고 암기량을 줄인 사람입니다.

암기량을 줄이기 위해서는 암기 내용의 우선순위를 정해야 합니다. A급, B급, C급 이런 식으로 말입니다. 시험에 꼭 나오고 중요한 내용은 A급, 시험에 자주 나오면서 중요한 내용은 B급, 시험에 가끔 나오면서 봐야 할 내용은 C급으로 구분합니다. 그 외에도 정말 가끔 나오지만 100점을 목표로 한다면 봐야 할 내용은 D급, E급으로 구분하기도 합니다. 일단은 A, B, C급 정도로만 구분해도 충분합니다.

시험에 따라 다르지만 대체로 A급은 20%, B급은 30~40%, C급은 20% 정도입니다. 전체적으로 70~80% 정도가 A~C급에 해당합니다. 이것만 해도 벌써 20% 이상의 암기량을 줄일 수 있습니다. 암기에 들이는 시간을 20% 이상 덜 써도 된다는 말입니다. 아니면 같은 시간을 투자해 더 여러 번 암기할 수 있다는 말입니다.

암기할 내용의 중요도에 따라 등급을 구분하면 강약조절을 통해 암기량을 또 한 번 줄일 수 있습니다. 암기를 할 때 A급부터 차례대로 외우면 실질적인 암기량이 줄어듭니다. 가장 중요한 부분인 A급 암기 사항을 다 외우고 나면 B급, C급을 차례로 공부합니다. 중요한 것을 먼저 많이 보는 공부법입니다. 아니면 A급 공부 후 A&B급 공부, 그리고 A&B&C급 공부와 같이 누적적으로 공부하는 방법도 좋습니다. 중요한 것을 여러 번 볼 수 있게 하는 공부법입니다.

암기량 줄이기 1:
시험에서 많이 출제된 부분부터

그럼 중요도에 따라 등급을 나누고 암기량을 줄이는 것은 어떻게 하면 될까요? 기출문제를 활용하면 됩니다. 기출문제는 중요한 내용을 물어봅니다. 이 범위에서 꼭 알아야 하는 내용을 확인하는 것이 시험의 목적이기 때문입니다. 시험에 나온 내용은 일단 중요한 내용이라고 생각할 수 있습니다.

이때의 시험문제는 몇 년 치를 함께 놓고 봐야 합니다. 어쩌다 시험에 한 번 나오는 내용과 매년 시험에 나오는 내용을 구분해야 하기 때문입니다. 5년 치 기출문제를 분석한다면 매년 나오는 파트는 A급, 2~3번 나오는 파트는 B급으로 볼 수 있습니다. 시험문제로 얼마나 자주 나오는지를 기준으로 하면 A, B, C급 구분이 쉬워집니다. 자주 나오는 부분이 중요한 부분이고, 꼭 봐야 하는 내용입니다.

수능이나 고시와 같은 시험에서는 기출문제집을 통해 기출문제를 분석할 수 있습니다. 요즘은 학교 내신시험의 기출문제를 구하기 쉽습니다. 족보닷컴이나 내신코치와 같은 사이트에서 각 학교의 기출문제를 구할 수 있습니다. 비용이 들긴 하지만 이를 통해 암기량을 줄일 수 있습니다. 이때는 자기 학교의 기출문제뿐만 아니라 다른 학교의 기출문제까지 같이 보는 것을 더 추천합니다. 좀 더 많은 기출문제를 통해 암기 파트의 중요도를 구분할 수 있습니다.

암기량 줄이기 2:
교사와 강사가 중요하다는 파트부터

교사와 강사는 해당 과목과 해당 파트에 대해 가장 잘 알고 있는 사람입니다. 무엇이 중요한지, 얼마만큼 중요한지를 잘 알고 있습니다. 따라서 교사와 강사가 수업을 하면서 중요하다고 강조하는 내용부터 외우는 것이 암기량을 줄이는 두 번째 방법입니다. 수업시간은 한정되어 있기 때문에 모든 내용을 다 설명하거나 다 강조하기는 어렵습니다. 교사나 강사도 강의의 강약조절을 해서 중요한 내용을 중점적으로 가르치게 됩니다. 이들이 수업하는 내용을 기준으로 암기 파트의 중요도를 구분할 수 있습니다.

특히 학교 내신시험이라면 교사의 강의 내용을 중요하게 확인해야 합니다. 실제로 시험을 내는 사람이 중요하다고 한 내용은 다른 어떤 것보다 중요도가 높습니다. 시험에 나온다고 강조하거나 여러 번 반복해서 다룬 부분부터 암기해야 합니다. 상대적으로 덜 중요한 부분은 나중에 외워야 합니다.

5장

반복:
1등급에
지름길은 없다

공자처럼 공부해라

벼락치기를 할 때가 있습니다. 단어 테스트가 있는 것을 까먹고 학원에 갔을 때죠. 10분 만에 100단어를 외워야 할 수도 있습니다. 당장 단어를 빨리 외워야 테스트에 합격할 수 있습니다. 학교 시험도 마찬가지입니다. 미리미리 공부를 하면 좋겠지만, 해야 할 과목은 많고 수학이나 국어를 하다 보면 암기 과목은 시험 전날에나 한 번 보면 다행입니다. 당장 내일의 시험을 위해 부랴부랴 암기를 시작합니다.

이럴 때 기억은 단기기억입니다. 당장 외우고 시험만 보고 나면 그만인 기억이죠. 단기기억이 오래가기를 바라는 사람은 없습니다. 그래서 그런지 벼락치기로 외운 것들은 금방 까먹습니다. 지난주에 시험 본 건데 벌써 기억이 나지 않습니다.

벼락치기가 아니라 하더라도 원래 기억은 오래가지 않습니다. 뇌는 효율적으로 작동합니다. 무언가를 오래 기억하려면 그만큼 많은 에너지와 자원을 써야 합니다. 그래서 뇌는 모든 것을 오래 기억하지 않습니다. 정보를 선별합니다. 오래 기억해야 하는 정보를 선택합니다.

그러면 오래 기억하려면 어떻게 해야 할까요? 이 정보는 중요하다, 오래 기억하고 있어야 한다고 뇌에 알려줘야 합니다. 뇌가 어떻게 정보를 선별하는지를 알고 그에 맞춰 공부해야 합니다.

우리는 앞에서 출력에 대해 알아보았습니다. 공부한 것을 출력하면 뇌가 이것을 중요하다고 생각합니다. 실제로 써먹는 내용을 중요한 정보라고 생각해서 뇌는 계속 기억하려고 합니다. 써먹지 않은 내용은 바로 잊어버립니다.

그런데 출력을 한 번만 하면 장기기억으로 남지 않습니다. 벼락치기로 외운 것들은 오래 기억되지 않습니다. 출력을 여러 번 해야 합니다. 공부를 자주 해야 합니다. 그것이 바로 반복적인 공부입니다. 1번 공부하고 1등급을 받는 사람은 없습니다.

1번 읽은 내용을 몇 년이 지난 뒤까지 다 기억하는 사람은 없습니다. 여러 번 반복해서 공부해야 하는 이유입니다. 우리는 그걸 반복적인 공부, 복습이라고 부릅니다.

공자도 반복적으로 책을 봤습니다

중국의 사상가 공자도 그렇게 공부했습니다. 유학의 창시자라 불리는 그가 남긴 사상은 중국, 우리나라, 일본 등 아시아에 크나큰 영향을 미쳤습니다. 그가 쓴 『논어』는 지금까지도 가장 중요한 고전 중 하나로 꼽힙니다. 세계가 인정하는 가장 위대한 사상가인 공자도 책 한 권을 반복해서 읽었습니다.

'위편삼절(韋編三絕)'이라는 고사성어가 공부에 관한 공자의 일화를 담고 있습니다. 공자가 살던 시대에 책은 가죽끈으로 묶은 것이었습니다. 그 당시에 책은 매우 귀한 물건이었고, 이를 튼튼하게 묶기 위해 가죽을 썼습니다. 가죽으로 된 벨트나 가방을 만져보면 알겠지만 가죽은 매우 질깁니다. 그런데 공자가 책을 얼마나 읽었는지 그가 읽던 책을 묶고 있던 가죽끈이 끊어졌습니다. 가죽끈이 끊어지면 다른 가죽끈으로 또 책을 엮었습니다. 이런 일이 세 번이나 반복되었다는 것이 '위편삼절'입니다. 책을 묶은 가죽끈이 세 번 끊어질 정도로 공자는 책을 열심히 읽었습니다. 한 권의 책을 몇 번 읽어야 그 질긴 가죽끈이 끊어질까요? 그런 일이 세 번이나 일어나려면 공자는 책 1권을 수천 번은 읽었을 것입니다.

지금 시대에 공자처럼 한 권만 붙잡고 오래 읽을 수는 없습니다. 그때보다 봐야 할 정보의 양이 확실히 늘어났기 때문입니다. 그렇지만 반복적으로 공부해야 한다는 사실은 변함이 없습니다. 여러 번 공부해야 뇌가 오랫동안 기억한다는 점은 공자 시대나 지금이나 똑같습니다.

그의 책 『논어』에 나오는 '학이시습(學而時習)'이라는 말이 바로 이것을 말합니다. 학이시습은 배우고 때때로 익히라는 말입니다. '습'은 학습, 예습, 복습에서 말하는 그 습입니다. '시습'은 때때로 '습'하라는 말이니 '복습'과 같은 의미입니다. 즉, 학이시습은 공부를 한 후 계속해서 복습을 하라는 뜻입니다. 공부란 한 번에 끝나는 것이 아니고 반복해서 계속해야 한다는 의미입니다. 한 번 책을 읽었다고 그 내용을 다 알 수 없으니 반복해서 공부를 해야 이를 다 받아들일 수 있다는 뜻입니다.

낙숫물처럼 반복적으로

'수적천석(水滴穿石)'이라는 고사성어가 있습니다. 한 방울씩 떨어지는 물이 바위를 뚫는다는 뜻입니다. 가볍디가벼운 물방울도 계속해서 떨어지면 돌에 구멍을 뚫을 수 있다는 말입니다. 우리 속담에는 '낙숫물이 바위를 뚫는다.'는 말이 있습니다. 낙숫물은 처마 끝에서 떨어지는 물입니다. 비가 오면 처마 끝에서 한 방울씩 물이 떨어집니다. 물방울이 몇 개 떨어져서는 아무런 일이 일어나지 않습니다. 그런데 1년이 지나고 10년이 지나면 처마 밑에 있던 돌에 움푹 팬 자국이 생겨납니다. 오래된 한옥에 가서 처마 밑을 보면 누군가 일부러 뚫어놓은 것 같은 구멍을 발견할 수 있습니다. 낙숫물이 몇 년 동안 한 방울씩 떨어진 결과입니다.

자연의 이치가 그러한 것처럼 공부도 마찬가지입니다. 처음부터 이해하고 암기하는 것은 어렵습니다. 계속 하다 보니 이해도 되고 외워집니다. 어차피 한 번에 외워지는 것은 없고, 여러 번 반복해야 합니다. 반복할수록 더 잘, 더 오래 기억할 수 있습니다. 공부할 때 여러 번 반복해야 한다는 것은 천재라도 똑같습니다. 우리는 당연히 반복해서 공부를 해야 합니다.

그런데 무턱대고 여러 번 본다고 공부가 잘될까요? 책이 떨어질 정도로 여러 번 본다고 다 1등급을 받을 수 있을까요? 중요한 것은 '효과적으로' 반복하는 것입니다. 같은 시간과 노력을 들여도 조금 더 잘, 조금 더 오래 기억할 수 있는 공부법이 있습니다. 1등급은 이미 그렇게 공부하고 있습니다. 효율적인 반복 공부법을 앞으로 살펴보겠습니다.

첫 번째 복습
– 수업 후 5분

간격을 두고 여러 번 복습합니다

오래 기억하려면 시간 간격을 두고 복습을 해야 합니다. 무작정 많은 시간 공부하는 것은 비효율적입니다. 한 번 공부한 후 어느 정도 시간이 지난 뒤에 공부하고, 또 시간이 지난 뒤에 공부를 해야 뇌가 잘 기억합니다. 짧은 시간에 여러 번 반복해서는 이런 효과를 얻을 수 없습니다.

보통 학생들은 한 번에 몰아서 반복하며 기억하거나 공부하려고 합니다. 벼락치기 스타일의 공부에 익숙하기 때문인데 이는 바람직한 공부법이 아닙니다. 기억이 사라지려고 할 때쯤 공부를 해야 사라져가는 기억을 붙잡을 수 있습니다. 단기기억을 장기기억으로 전환할 수 있습니다.

독일의 심리학자인 에빙하우스의 '망각 곡선'이 이를 보여줍니다. 에빙하우스는 공부한 것이 시간의 경과에 따라 어떻게 잊히는지를 연구했습니다. 학습 후 시간이 지날수록 점점 기억하는 양이 줄어든다는 것을 밝혀냈습니다.

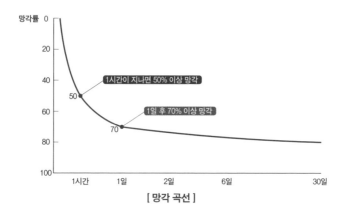

[망각 곡선]

이때 어떤 간격으로 복습하는 것이 효과적인지를 알아야 합니다. 적정한 시간 간격에 따라 복습을 해야 기억을 잘할 수 있습니다. 에빙하우스의 연구를 비롯해서 여러 학습법 연구 결과를 종합해보면 기억을 하기 위해서는 3~4번의 반복이 필요합니다.

공부 간격은 처음에는 짧게 두었다가 뒤로 갈수록 길어져야 합니다. 한 번 공부한 것은 오래가지 못하지만, 두 번 공부한 것은 한 번 공부한 것보다 더 오래 기억되고, 세 번 공부한 것은 두 번 공부한 것보다 더 길게 기억되기 때문입니다. 이런 원리에 근거하여 실행하기 가장 좋은 복습 간격은 1시간 후, 1일 후, 1주일 후, 1달 후입니다. 한 번 공부한 내용을 4번 복습하는 공부법입니다.

첫 번째 복습: 수업 끝나고 5분

첫 번째 복습은 수업이 끝나고 바로 해야 합니다. 보통 수업은 50분에서 1시간 정도 걸립니다. 3시간짜리 수업도 중간중간에 쉬는 시간을 줍니다. 수업시간이 1시간 남짓인 것은 사람의 집중력이 그 정도가 한계이기 때문입니다. 수업시간을 정할 때도 이런 뇌과학적인 고려를 합니다. 쉬는 시간 10분도 마찬가지입니다. 그 정도는 쉬어줘야 뇌가 다시 잘 활동할 수 있습니다.

이때 휴식이라고 해서 마냥 책을 손에서 놓아서는 안 됩니다. 공부를 하고 1시간 이내에 복습을 해줘야 하기 때문입니다.

수업을 듣고 쉬는 시간에 복습을 해주면 수업시간에 배웠던 내용을 머릿속에 잘 새겨넣을 수 있습니다. 길게도 아닙니다. 딱 5분 정도면 1시간 동안 배운 내용을 복습하는 데 충분합니다. 쉬는 시간에 핸드폰이나 보고 놀면 당장 기분은 조금 나아질지 모르지만 공부에는 하나도 도움이 안 됩니다. 이때의 5분은 나중에 1시간 공부하는 것 이상의 효과가 있습니다. 해 보면 압니다. 시험공부를 할 때 5분이라도 1번 복습했던 부분은 기억이 더 잘 납니다. 지금 잠깐 복습하는 게 공부를 효율적으로 하는 비결입니다.

첫 번째 5분 복습은 배운 내용을 정리하는 데 초점을 맞춥니다. 가장 간단한 방법은 책과 필기한 내용을 읽어보는 것입니다. 교과서 또는 교재에서 수업한 내용을 읽고, 강사의 설명을 필기한 것이 있으면 그것까지 읽어줍니다. 이렇게 한 번 읽어주는 것만으로도 반복의 효과가 나타납니다. 입력을 한 번 더 해주는 셈입니다. '이런 내용이었었지.' 하고 되새김질하는 효과입니다.

이때 수업을 들으면서 이해되지 않았던 내용은 조금 더 고민해서 이해하도록 해야 합니다. 이해가 안되었는데 복습을 해봐야 효과는 크지 않습니다. 교재와 필기를 다 읽는 것이 부담된다면 필기를 중심으로 보는 것이 좋습니다. 교과서는 언제든

같은 내용을 읽을 수 있지만 필기는 나중에 다시 보려면 자기
가 써놓고도 잘 기억나지 않을 수 있습니다.

　조금 더 나아간다면 첫 번째 5분 복습에서 내용을 요약해볼
수 있습니다. 수업을 이해하고 소화한 후 자기의 언어로 정리
하는 것입니다. 핵심 키워드 위주로 간략히 정리하는 것도 좋
습니다. 이때 써먹기 좋은 방법이 마인드맵과 코넬식 노트 정
리입니다.

　마인드맵은 뇌에 지도를 그리듯이 내용을 정리하는 방법입
니다. 이때 주요 키워드와 그로부터 파생된 키워드를 그물을
그리듯이 정리합니다. 마인드맵은 각각의 개념(키워드)이 어떻게
연결되는지를 인식하기에 좋은 방법입니다. 오늘 배웠던 내용
을 정리할 때 유용합니다. 키워드 위주로 정리하기 때문에 익
숙해지면 복습 시간도 줄일 수 있고, 시각적으로 받아들이기도

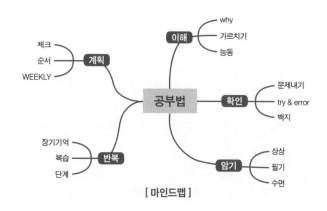

[마인드맵]

좋습니다.

코넬식 노트는 제목, 키워드, 필기, 요약 영역으로 나누어 적는 노트 필기법입니다. 첫 번째 복습에서는 4 영역 중 키워드 영역을 활용하면 좋습니다. 즉 첫 번째 복습을 할 때 필기 영역에 적은 내용을 정리해서 키워드 영역에 적어줍니다. 키워드를 뽑아내려면 필기한 내용을 한 번 읽어봐야 하기 때문에 이 과정에서 자연스럽게 복습이 이루어집니다. 참고로 요약 영역은 두 번째 복습에서 사용합니다.

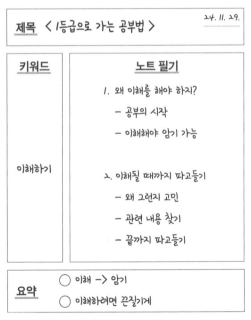

[코넬식 노트 정리]

두 번째 복습
- 자기 전 30분

두 번째 복습은 24시간 이내에

반복 공부법의 두 번째 복습은 하루를 마무리하면서 합니다. 그러니까 그날 공부한 내용을 정리하는 방식입니다. 수업을 들으면서 첫 번째 공부한 내용이 잊힐 때쯤이 두 번째 복습을 할 타이밍입니다. 심리적으로도 하루를 정리하는 시간에 복습을 하는 것이 안정감을 줍니다. 오늘 해야 할 일을 마무리 짓는다는 느낌을 주기 때문입니다.

어떤 사람은 아침 공부를 하면서 전날의 복습을 하기도 합니다. 이건 취향의 문제입니다. 아침에 일찍 일어날 수 있는 사람, 미라클 모닝을 실천하는 사람이라면 아침 시간대가 더 효과적일 수 있습니다. 공부를 한 후 24시간 이내에 두 번째 복습을 해야 한다는 점에서 보면 다음 날 아침 복습도 문제 될 것은 없습니다. 중요한 것은 두 번째 복습을 한다는 것입니다. 자기에게 맞는 시간대를 골라서 두 번째 복습을 합니다. 일반적으로는 자기 전에 복습하는 경우가 더 많습니다.

다른 일 때문에 미뤄서는 안 됩니다

두 번째 복습을 할 때 주의해야 할 것은 미루지 말아야 한다는 점입니다. 첫 번째 복습에 비해 두 번째 복습을 미루는 경우가 자주 발생합니다. 그날 끝내야 할 다른 일들이 있다는 이유에서입니다. 쉬는 시간 5분 동안 하는 첫 번째 복습은 습관을 들이면 잘 유지될 수 있습니다. 생각보다 5분 복습은 크게 힘이 들지 않으며 쉬는 시간에 갑자기 바빠질 일도 많지 않기 때문입니다.

그런데 두 번째 복습을 방해하는 일들은 너무 많습니다. 대표적인 것이 숙제입니다. 당장 내일 수학 학원을 가야 하는데 수학문제집에서 100문제를 풀어 가야 하는 숙제가 있다면 그게 우선순위가 됩니다. '복습 따위 조금 미루어도 되지, 수학 숙제를 안 하면 학원에서 혼나잖아.'라는 생각을 하는 친구들이 많습니다. 부모님도 마찬가지입니다. 돈을 내고 보내는 학원 숙제가 우선일 수밖에 없습니다. 이미 지불한 비용이 있으니 본전 생각이 나기 때문입니다. 보통 학생들은 학원 전날에야 숙제를 하는 경우가 많기 때문에 숙제의 압박은 큽니다. 수학 문제를 풀어야 되는데 두 번째 복습이 눈에 들어올 리 없습니다. 내일 영어학원에서 단어 시험 100개를 본다는데, 오늘 복습을 할 여유는 없습니다.

학원 숙제뿐만 아니라 학교 수행평가도 있습니다. 수행평가도 미리 좀 준비하면 좋으련만 학생들은 닥쳐서야 수행평가를 위한 과제를 합니다. 갑자기 수행평가 과제가 나오는 경우도 흔합니다. 게다가 수행평가는 여러 개가 한 번에 몰려오기도 합니다. 결국 두 번째 복습은 뒤로 밀립니다. 성인 수험생의 경우 과제는 없지만 돌발적인 약속이 생기기 쉽습니다. 갑자기 친구가 찾아온다거나 하는 경우입니다. 모두가 두 번째 복습을 방해하는 장애물입니다.

다른 일 때문에 두 번째 복습을 미루다 보면 반복적인 공부를 하기 어렵습니다. 첫 번째 복습 후 까먹은 것들을 두 번째 복습을 통해 반복하고 되새김질해야 하는데 한 번 두 번 복습을 빼먹다 보면 흐지부지됩니다. 두 번째 복습에 실패하면 자연스럽게 세 번째, 네 번째 복습도 무산됩니다.

그래서 당일에 해야 하는 두 번째 복습을 꼭 지켜서 해야 합니다. 학원 숙제가 있으면 그걸 먼저 하고 나서 두 번째 복습을 해도 좋고, 잠시의 짬을 내서 두 번째 복습을 해도 좋습니다. 중요한 것은 두 번째 복습을 까먹지 않고 습관화하는 것입니다.

30분이면 충분합니다

두 번째 복습은 30분 정도면 충분합니다. 이미 첫 번째 복습으로 중요한 내용을 훑어줬기 때문에 두 번째 복습을 30분 정도에 소화할 수 있습니다. 첫 번째 복습을 하지 않았다면 30분만에 그날 공부한 내용을 정리하기는 불가능합니다. 이미 기억의 상당 부분이 사라졌기 때문입니다. 하지만 첫 번째 복습 후 두 번째 복습을 한다면 30분 정도만 해줘도 복습의 효과를 누릴 수 있습니다.

그리고 그날 공부한 과목을 다 하는 것이 가장 좋습니다만 여러 여건상 어려울 수 있습니다. 그럴 때는 우선순위를 따져야 하는데 일반적으로 중요한 과목인 수국영을 해도 좋고, 특별히 어려워하는 과목 위주로 해도 좋습니다. 적어도 국영수사과까지는 하는 것을 추천합니다.

특히 수국영에 밀려 나중에 시험공부 할 때나 다시 펴보게 되는 사회와 과학 과목을 두 번째 복습에서 해주면 장기적인 관점에서 도움이 됩니다. 두 번째 복습으로 주요 내용이 머릿속에 자리 잡을 수 있기 때문에 시험공부가 수월해집니다. 사회, 과학 과목은 복습할 때 주요 용어 중 모르는 것을 다시 한번 정리하는 것이 좋습니다. 이들 과목은 용어를 이해해야 내용도 잘 이해되기 때문입니다. 모르는 단어는 다시 사전을 찾거나 그 개념을 설명해주는 동영상을 보는 등 복습을 해야 합니다.

두 번째 30분 복습은 요약 또는 문제 출제 방식으로 하는 것이 좋습니다. 물론 가장 간단한 복습 방법은 교재와 필기를 다시 한번 읽어보는 것입니다. 정 시간이 없고 두 번째 복습이 힘들다면 이렇게 해도 됩니다. 그래도 두 번째 복습이라면 그냥 읽는 것보다 조금 더 하는 것이 낫습니다. 앞서 했던 복습과 다른 방법으로 해 보는 것이 기억에 더 도움이 됩니다.

첫 번째 복습에서 교재와 필기를 읽은 학생이라면 두 번째 복습에서는 요약을 합니다. 요약을 통해 좀 더 집약적으로 그날의 공부를 반복할 수 있습니다. 요약은 기억을 재구성하는 것으로서 뇌에 더 많은 자극을 줄 수 있습니다. 코넬식 노트로 키워드 정리를 했다면 두 번째 복습에서는 요약 영역에 내용 정리를 합니다. 마인드맵으로 첫 번째 복습을 했던 경우, 마인드맵 밑에 요약을 합니다. 시각적인 자극을 강하게 줄 수 있는 마인드맵과 내가 직접 정리한 요약은 서로 보완적으로 공부할 수 있게 도와줍니다.

두 번째 복습에서 더 추천하는 것은 문제를 내는 방법입니다. 앞서 문제 내기의 효과와 중요성에 대해서 얘기했었는데 복습 과정에서 문제 내기를 하면 더 큰 효과를 볼 수 있습니다. 문제를 내는 것은 능동적인 공부 방법으로 오늘 공부한 내용을 복습하면서 효과적으로 학습 내용을 떠올릴 수 있습니다. 문제 수는 많을 필요가 없습니다. 3~5문제 정도도 충분합니다.

세 번째 복습
- 주말에 2시간

주말에 세 번째 복습을 합니다

반복 공부법의 세 번째 복습은 주말에 합니다. 일주일간 공부한 내용을 주말에 한 번 더 살펴봅니다. 두 번째 복습으로 뇌속에 잘 집어넣은 내용을 다시 한번 심어줍니다. 주말이라고하면 토요일인지 일요일인지 묻는 경우가 있는데 그건 중요하지 않습니다. 주말에도 각자 공부 스케줄이 있을 테니 그에 맞춰 복습 시간을 정하면 됩니다.

금요일에 공부한 내용을 주말에 다시 보면 복습 주기가 사실 하루 이틀밖에 안 됩니다. 좀 더 시간 간격을 두는 게 맞지만 현실적으로 일주일이라는 시간 간격을 딱 맞추기는 어렵습니다. 금요일에 공부한 내용을 다음 주 평일에 복습하기는 어렵습니다. 따라서 평일에 언제 했는지와 관계없이 주말에 복습을 해 줍니다.

주말 복습을 통해 우리는 일주일 동안 공부했던 내용들을 연결할 수 있습니다. 일주일 동안 우리는 진도를 조금씩 나갑니다. 수학 학원을 주 3회, 월수금에 갔다면 월요일에 이어서 수요일에 진도를 나갔을 것이고, 수요일에 배운 내용을 바탕으로 금요일 수업을 들었을 것입니다. 각각의 내용은 우리 머릿속에 따로 저장되어 있습니다. 연결된 내용이지만 각각의 요일에 배운 내용들이 뇌 속에서 잘 연결되어 있지는 않습니다. 이런 연결고리를 주말 복습을 통해 만들어낼 수 있습니다. 연결고리를 더 강화할 수 있습니다.

우리 뇌는 하나의 정보에 여러 정보가 연결되어 있을수록, 더 복잡하고 더 촘촘하게 연결되어 있을수록 더 잘 기억합니다. 섬처럼 정보가 외로이 있어서는 기억하기 힘듭니다. 그물 망처럼 촘촘히 연결되어 있어야 정보는 빛을 발합니다. 주말 복습은 일주일 동안 배웠지만 따로 떨어져 있던 내용들을 연결해 주는 역할을 합니다. 복습을 하면서 자연스럽게 각각의 정보와 다른 정보가 관계를 맺습니다.

따라서 주말 복습은 과목별로 해주는 것이 좋습니다. 매일 공부했던 수학을 몰아서 공부합니다. 각각 배웠던 사회를 한 번에 공부합니다. 내용과 내용 사이의 연결을 더 강화하기 위함입니다. 주말 복습을 하면서 요일별로 정리를 한다면 각각의 정보가 잘 연결되기 힘듭니다. 첫 번째 복습과 두 번째 복습과 달리 세 번째 복습은 과목별로 한 번에 공부하는 것을 추천합니다.

주말 복습을 할 때 여유가 있다면 그 앞에서 공부한 내용까지 포함해서 누적적으로 공부하는 것도 좋은 방법입니다. 각각의 내용의 연결이 더 강화되기 때문입니다. 2주 전에 공부한 내용에 이어서 1주 전에 공부한 내용을 복습하면 큰 흐름을 인지할 수 있고, 이것이 장기기억으로 이어집니다. 전체의 맥락을 알면서 공부할 수 있어 더 효과적입니다.

2시간은 필요합니다

세 번째 복습은 2시간 정도 시간이 걸립니다. 학생마다 공부량에 따라, 또 얼마나 부족한지에 따라 달라질 수 있지만 매일 했던 공부를 주말에 정리하려면 경험적으로 2시간 정도 시간이 필요했습니다. 첫 번째 복습과 두 번째 복습을 성실히 수행하면 시간을 줄일 수 있습니다.

세 번째 복습을 할 때에는 새로운 내용을 추가하는 것이 아니라 첫 번째 복습과 두 번째 복습에서 했던 것을 다지는 쪽으로 공부합니다. 교재와 필기를 읽고 키워드와 요약을 보면서 전체 내용을 다시 떠올려 봅니다. 직접 만든 문제가 있다면 정답을 가린 채 셀프 테스트를 하는 것도 좋습니다. 두 번째 복습에서 만든 문제는 두 번째 복습에서 푸는 것이 아니라 세 번째 복습에서 점검용으로 사용합니다. 문제를 낼 때는 정답이 머릿속에 있지만 시간이 흐르면 까먹기 마련입니다. 그렇게 까먹은 부분을 문제 풀이를 통해 점검하고 다시 공부할 수 있습니다.

세 번째 복습에서 시중에 있는 문제집을 푸는 사람도 있습니다. 그것도 좋은 방법이지만 문제집 풀이는 내용을 완전히 이해한 뒤에 실제 시험을 준비하는 과정에서 하는 것이 낫습니다. 어디까지나 내용 이해와 반복을 통한 암기가 먼저 이루어져야 합니다. 내신시험을 준비한다면 그 기간 동안 자습서나 평가문제집을 풀면 됩니다. 일반적인 복습 단계에서는 문제집보다 교재와 필기, 정리 노트가 중심을 이루어야 합니다. 세 번째 복습에서 시중 문제집을 푼다면 2시간으로는 부족합니다. 그건 별도의 시간을 내는 것이 맞습니다.

이후의 복습은 시간 간격을 더 넓힙니다

네 번째, 다섯 번째 복습도 할 수 있습니다. 복습을 자주 할수록 효과는 더 좋아집니다. 여러 번 보면 기억은 더욱 강화됩니다. 그렇지만 여러 가지 현실적인 이유로 더 많은 복습이 쉽지는 않습니다. 그래서 세 번째 복습까지는 추천사항이고, 여유가 되면 네 번째, 다섯 번째 복습까지 권장을 합니다.

복습을 추가로 더 한다고 했을 때 유의할 점은 복습과 복습 사이의 시간 간격을 더 늘려야 한다는 점입니다. 앞서 첫 번째 복습은 1시간, 두 번째 복습은 24시간, 세 번째 복습은 일주일 이내에 했습니다. 네 번째 복습은 적어도 일주일 이상 지난 뒤에 해야 합니다. 다섯 번째 복습도 마찬가지입니다. 예를 들어 네 번째 복습을 1달 뒤에 했다면, 다섯 번째 복습은 3개월 뒤가 될 것입니다.

반복을 통한 복습의 효과를 누리려면 이처럼 시간 간격을 점점 늘리면서 복습을 하는 것이 중요합니다. 우리의 기억이 사라지려 할 때쯤 복습을 통해 기억을 되새김질하기 위해서입니다. 앞서 몇 차례의 복습으로 기억은 오래 지속되고 있으므로, 다음의 복습은 한참 뒤에 해도 좋습니다.

5

시험 전
단계적 반복

시험이 다가오면 시험에 대비한 반복 학습을 해야 합니다. 시험 전날이나 당일에 벼락치기를 하는 경우가 아니라면 여러 번 학습 내용을 반복하는 것은 필수입니다. 반복은 기억을 강화하고 시험장에서 기억된 내용을 잘 꺼내 쓸 수 있게 도와주기 때문입니다.

반복 간격을 줄여나갑니다

시험공부를 위한 반복 학습은 지금까지 해왔던 반복 학습과는 다르게 해야 합니다. 기억을 정착시키기 위한 반복 학습은 1번 공부한 후 다음 공부까지 간격을 점점 늘려나갑니다. 학습 후 1시간, 1일, 1주일마다 반복해서 복습하는 방식이었습니다.

시험공부를 할 때는 1번 공부한 후 다음 공부까지 간격을 점점 줄여줘야 합니다. 처음 시험공부를 할 때는 한 과목을 여유 있게 자세히 들여다볼 수 있지만, 시험이 가까워지면 한 과목에 쓸 수 있는 시간이 점점 줄어들기 때문입니다. 시험 전날에는 다음 날 시험 볼 과목을 몇 시간 만에 다 봐야 합니다. 기억을 위한 반복 학습처럼 시간 간격을 늘려가면서 공부하기 어렵습니다.

학교 내신 시험을 준비한다고 해 보죠. 보통 시험 4주 전부터 내신 공부를 시작합니다. 이때 목표는 시험 전에 한 과목의 시험 범위를 4번 보는 것입니다. 이렇게 여러 번 보는 것을 회독이라고 표현합니다. 1번 보면 1회독, 4번 보면 4회독입니다. 내신 시험의 중요성과 난이도를 고려할 때 4회독이 필요합니다.

시험을 앞두고는 학습 간격을 줄여야 한다고 했죠? 1회독은 2주, 2회독은 1주, 3회독은 4~5일, 4회독은 1일로 공부계획을 세우는 것이 보통입니다.

[4회독 시험공부 계획의 예시]

1주	1회독		
2주			
3주	2회독		
4주	3회독	4회독	시험

이때 과목이 여러 개라면 과목별로 시간을 배분해야 합니다. 과목의 중요도에 따라 공부시간을 달리 정해야 하는데, 2주-1주-4~5일-1일의 큰 틀은 지켜야 합니다.

국어, 과학, 수학의 3과목을 시험 보는 경우를 예로 들어보죠. 보통 수학은 다른 과목에 비해 2배 정도의 시간을 공부해야 합니다. 국어와 과학을 놓고 보면 국어에 더 시간을 쏟아야 합니다. 이를 공부시간 비율로 계산해보면 수학:국어:과학=2:1:0.5 정도가 됩니다. 자신이 약한 과목, 잘하는 과목이 무엇인지에 따라 비율은 달라질 수 있습니다.

학교 수업, 학원 강의 등을 제외하고 혼자서 공부할 시간이 하루에 3시간 정도 될 때 다음과 같이 계획을 세울 수 있습니다.

	1일	2일	3일	4일	5일	6일	7일
1주	수 3	수 3	국 3	수 3	수 3	국 3	과 1.5
2주	수 3	수 3	국 3	국 3	수 3	수 3	과 1.5
3주	수 3	수 3	국 3	수 3	수 3	국 3	과 1.5
4주	수 3	수 3	국 3	과 2 국 1	수 3	수 2 국 1 과 0.5	시험

학교 내신이 아니라 수능시험 또는 자격시험에서도 같은 방법을 적용할 수 있습니다. 수능시험이나 자격시험은 더 오랜 기간 동안 이런 스케줄로 공부합니다. 예를 들어 수능을 '4개월-2개월-1개월-2주-1주-3일-1일'과 같은 방법으로 대비할 수 있습니다. 대략 8개월 정도 준비하는 스케줄입니다. 이렇게 하면 수능 시험 때까지 7회독을 할 수 있습니다.

공부 범위를 줄여나갑니다

시험을 앞둔 반복 학습에서 중요한 것은 공부 범위를 줄여나가는 것입니다. 2주 동안 하는 1회독과 1일 동안 하는 4회독의 공부 범위는 같을 수 없습니다. 이번 영어시험의 범위가 교과서 2단원, 보충교재 3단원, 프린트 20장이라고 해 봅시다. 1회독 때는 전체를 다 볼 수 있습니다. 1회독은 이해에 초점을 두고 전체 내용을 찬찬히 다 훑어볼 수 있습니다. 물론 몇 달 동안 배운 내용을 2주 만에 다 보는 것이 쉽지는 않습니다. 앞서 살펴보았던 반복 학습을 꾸준히 했다면 2주 만에 1회독이 충분합니다. 그런데 2회독부터는 전체 시험 범위를 다 볼 수 없습니다. 단순하게 생각해도 시간이 절반으로 줄었기 때문입니다. 3회독, 4회독은 더 시간이 부족합니다. 시험이 다가올수록 공부 범위를 줄여나가야 하는 까닭입니다.

공부 범위를 줄여야 한다고 해서 기계적으로 절반 뚝 잘라서 공부하는 것은 아닙니다. 시험 범위가 교과서 2단원인데 1회독 때는 2단원을 다 보고, 2회독 때는 1단원만 보는 그런 방식이 아닙니다. 공부 범위를 줄일 때는 중요도를 기준으로 해야 합니다. 시험 범위에 있는 내용 중 반드시 알아야 할 것과 한 번 훑어보면 충분한 것을 나누어야 합니다. 끝까지 계속 봐야 할 내용을 A급, 그다음 중요한 것을 B급 이런 식으로 중요도에 따라 내용을 구분한 후 중요한 것은 계속해서 여러 번 보도록 계획을 짜야 합니다.

A~D급으로 내용을 정리했다고 해 보죠. 1회독 때는 A~D급

을 다 공부합니다. 2회독 때는 A~C급, 3회독에는 A~B급, 4회독에는 A급만 봅니다. 이렇게 해야 중요한 내용을 여러 번 볼 수 있고, 더 효율적으로 공부할 수 있습니다.

수학이라면 1회독 때는 전체 범위의 문제를 다 풀어보고, 2회독 때는 '오답+중요한 파트 문제'를 추가로 풀고, 3회독 때는 '오오답+자주 틀리는 파트'만 복습하며, 4회독 때는 가장 중요한 개념과 자주 틀리는 문제 위주로 공부합니다.

이렇게 공부 범위를 줄여나가면 불안해질 수 있습니다. '시험 전날에 안 본 내용이 시험에 나오면 어떻게 하지.'라는 불안감입니다. 실제로 그럴 수도 있습니다. 그렇지만 제한된 시간 내에서 모든 것을 다 공부할 수는 없습니다. 어디까지 공부할지 선택해야 합니다. 그러면 당연히 더 중요한 것부터 공부하는 것이 맞습니다. 그런 내용이 시험에 나올 확률이 더 높기 때문입니다.

6장

계획:
되는 대로 공부하면
1등급은 어림없다

공부 능력부터
체크하라

　공부 계획을 세워본 적이 없는 학생들은 보통 해야 할 양을 기준으로 계획을 짭니다. 일주일 뒤에 영단어 100개를 시험 본다고 해 보죠. 그러면 대개는 하루에 20~30개씩 단어를 외우는 일정으로 계획을 만듭니다. 공부에 감이 좀 있는 친구는 시험 전날에 복습 계획을 넣기도 하지만, 큰 차이는 없습니다. 영단어 100개를 시험 보니까 하루에 20~30개씩 외우면 된다고 생각합니다. 틀린 계획은 아니지만 좋은 계획도 아닙니다.

　좋은 공부 계획이란 자신의 공부 능력에 맞춰 하루 공부량과 공부 시간을 정하는 것입니다. 100개를 외워야 하니까 하루 20~30개라고 기계적으로 나누는 것이 아닙니다. 자신이 할 수 있는 공부량을 확인하고, 그에 맞춰 시간 배분까지 하는 것이 바람직한 공부 계획입니다.

잘 짜인 공부 계획의 예를 볼까요. 자기가 공부를 해 보니 10분에 10단어를 90%까지 외울 수 있는 학생이라면, 하루에 3번 10분씩 10단어를 외우는 계획을 세우면 됩니다. 다른 공부를 하다가 중간중간 10분씩 짬을 내서 영단어를 공부하고 외우는 계획입니다. 그리고 그 10분 동안 외우지 못한 단어만 모아서 밤에 자기 전에 한 번 더 외워주는 계획까지 세운다면 훌륭합니다.

자신의 공부 능력을 생각하지 않고 하루에 20~30개 영단어를 외운다는 계획과 자신의 공부 능력에 맞춰 시간과 공부량을 배분한 계획 중 어느 것이 더 효율적일까요? 당연히 후자입니다.

계획의 시작은 공부 능력 체크부터

좋은 공부 계획을 짜기 위해 가장 먼저 해야 할 것은 무엇일까요? 자기의 공부 능력을 정확하게 체크하는 것입니다. 이걸 알아야 공부 계획을 잘 짤 수 있기 때문입니다. 그런데 대부분의 사람들은 자신의 공부 능력을 잘 모릅니다. 쎈 b등급의 수학 문제를 한 시간에 몇 문제 풀 수 있는지, 국어 독해 지문 하나를 몇 분 만에 풀고 정리할 수 있는지, 1시간짜리 인강을 들으면 어느 정도 시간을 들여 복습을 해야 하는지 많은 학생들은 알지 못합니다. 정확히 말하면 공부 능력을 체크해야 한다는 사실조차 모릅니다. 한 번도 자기의 공부 능력을 체크해보지 않은 사람이 태반입니다.

제 아이의 공부 계획을 짤 때 제가 제일 먼저 한 것은 아이의 공부 능력이 어느 정도인지 확인하는 것이었습니다. 이것은 한 번에 되지 않습니다. 여러 번에 걸쳐 공부 능력을 확인하고 평균을 내는 방법으로 해야 합니다. 제 아이에게 수학문제집인 쎈을 풀게 해 보니, 쎈 a, b 정도의 난이도 문제는 1시간에 30문제 정도 풀 수 있었습니다. 더 어려운 c 난이도 문제는 1시간에 10~15문제 정도를 풀 수 있었습니다. 단원마다 차이는 있지만 평균을 내 보면 이 정도 능력이 있었습니다. 그러면 하루에 수학을 3시간 공부하는 날은 쎈 a, b 수준의 문제를 90문제 정도 풀게 계획을 세웁니다. 다른 과목 공부를 하느라 수학 공부 시간이 줄어드는 날에는 그에 맞게 문제 수를 조절해 줍니다.

이렇게 계획을 대신 짜주는 경우에는 계획을 세우는 사람과 공부를 실제로 하는 사람 간에 의사소통이 중요합니다. 공부 능력을 정확히 파악하기 위한 커뮤니케이션이 중요합니다. 학습자가 말로는 1시간에 영단어 50개를 외울 수 있다고 허세 부리면, 계획을 대신 짜주는 사람은 잘못된 정보에 기초해 공부 계획을 세우게 됩니다. 그러면 학습자는 이 계획을 제대로 실행할 수 없습니다. 부모가 아이의 공부 계획을 수립할 때에는 자녀의 공부 능력을 정확히 파악하기 위해 꼼꼼히 살펴보고, 아이와 대화해야 합니다.

공부 능력을 제일 잘 확인할 수 있는 사람은 당연히 자기 자신입니다. 속일 것도 없고, 허세 부릴 일도 없습니다. 자기에게 부끄러울 일이 아니기 때문입니다. 다른 사람에게 공부 계획을 맡긴다고 하더라도 공부 능력만큼은 본인이 확인하는 것이 가장 좋습니다. 공부 능력을 확인하는 가장 기본적인 방법은 공부 과정을 기록하는 것입니다. 공부를 시작할 때와 공부를 잠시 쉴 때의 시각을 기록합니다. 그 시간 동안 무엇을 얼마큼 공부했는지를 씁니다. 이 작업을 하루 종일, 잠에 들기 전까지 합니다.

07:35 수학 쎈 b 시작
08:07 휴식 및 식사 - 쎈 b 17문제 풀었음
08:55 영단어 외우기
09:06 휴식 - 영단어 10개 외우고 테스트

이렇게 잘 기록된 하루의 공부 과정을 들여다보면 내 공부 능력을 확인할 수 있습니다. 이런 기록을 며칠만 해 보면 평균적인 내 공부 능력을 알 수 있습니다. 월요일에는 수학을 1시간에 30문제 풀었고, 화요일에는 1시간에 18문제, 수요일에는 1시간에 22문제를 풀었다면 이 난이도 문제에 있어 내 공부 능력은 평균적으로 1시간에 23~24문제 정도입니다. 이렇게 확인된 공부 능력을 가지고 언제 얼마큼의 공부를 하면 되는지를 배치하면 그것이 바로 공부 계획입니다.

시험 때까지 200문제를 공부해야 하는데, 시험은 일주일 뒤인 경우 복습까지 고려하면 처음 문제를 풀 때는 하루에 '2시간=46~48문제' 정도를 풀면 됩니다. 4일 동안 하루 2시간씩 200문제를 풀어내고, 3일 동안은 틀린 문제 위주로 하루 1시간 정도만 풀면 됩니다. 이처럼 공부 능력만 잘 체크하면 아주 손쉽게 공부 계획을 세울 수 있습니다. 그러니 당장 기록하세요. 당신이 지금 공부를 어떻게 하고 있는지, 당신의 공부 과정을 적어서 공부 능력을 확인하세요.

공부 순서를 지켜라

공부 계획을 세울 때 공부 순서를 생각하지 않는 경우가 많습니다. 차근차근 하나씩 공부를 해나가야 하는데 그런 고려 없이 계획을 짜는 것입니다. 빠르게 학습하려면 제대로 된 순서를 밟아나가야 합니다. 1층 다음에 2층, 그다음에 3층 이렇게 단계별로 공부를 해야 하는데 마음만 앞서서 2층→4층→1층 이런 식으로 공부 계획을 세우게 되는 것입니다. 그러면 힘은 힘대로 들고 결과는 별로 좋지 않습니다. 시행착오가 공부에 있어 필요하지만, 쓸데없는 시행착오는 힘만 빠지게 합니다.

가장 쉬운 단계부터

학교 내신 시험 공부 계획을 짠다고 합시다. 과목은 과학이라고 해 보죠. 이번 과학 내신 시험의 범위는 2단원입니다. 시험까지는 4주가 남았습니다. 제일 먼저 할 일은 공부할 책과 자료를 체크하는 것입니다. 과학 시험이라면 기본적인 책은 교과서가 될 것입니다. 수업시간에 사용한 프린트물도 빼먹어서는 안 됩니다. 그 외에 자습서나 평가문제집이 있을 거고, 자기 학교 기출문제와 같은 교과서를 쓰는 다른 학교 기출문제도 시험 공부에 필요한 자료입니다. 학원을 다닌다면 여기에 보충자료나 예상문제도 포함됩니다.

이 중에서 제일 처음 공부해야 하는 것은 무엇일까요? 가장 쉬운 단계는 무엇일까요? 바로 교과서입니다. 요즘은 많은 학생들이 교과서를 잘 보지 않습니다. 교과서를 한 번 읽어본 친구도 드물 겁니다. 다들 학원 교재나 시중 문제집으로 과학을 공부합니다. 그러나 교과서만큼 기본적이고 잘 써진 책도 드뭅니다. 학원에서 만든 교재, 시중 문제집보다 더 많은 사람이 더 많은 노력으로 만든 책이 교과서입니다. 가장 쉬운 책도 교과서입니다. 교과서가 이해하기 어렵다고 생각할 수 있지만, 하나하나 들여다보면 교과서만큼 쉬운 책도 없습니다.

그래서 내신 공부 계획의 첫 단계는 교과서를 읽고 공부하는 것부터 시작합니다. 교과서를 중심에 두고, 한 문단 한 문단 읽어나가면서 이해 안 되는 부분을 확인하고 잡아나가야 합니다. 이때 수업시간에 필기한 내용과 학교 프린트물을 함께 공부합니다. 학교 내신 시험이라면 수업시간에 배운 내용이 가장 쉽고 가장 기본적인 것입니다. 이걸 이해하고 넘어가야 그다음 단계의 응용 등도 잘 풀 수 있습니다.

문제집을 풀면서 응용 단계로

시험 범위인 2단원에 해당하는 교과서와 학교 프린트물을 다 공부했다면 이제 다음 단계인 자습서나 평가문제집을 풀어야 합니다. 앞부분에서 쓴 것처럼 먼저 이해한 다음 확인을 하는 공부법입니다. 자습서나 평가문제집은 아무래도 교과서보다는 조금 더 어렵습니다. 교과서의 내용을 확장하거나 그 내용을 다시 한번 점검하는 책이기 때문입니다.

순서를 벗어나 자습서나 평가문제집을 먼저 본다면 기초가 부족한 상태라서 제대로 된 학습효과를 보기 어렵습니다. 이해하지 못한 상태에서 문제를 풀어봐야 남는 것이 없습니다.

실전과 같은 난이도로

여기까지 공부했다면 이제 기출문제를 풀어봐야 합니다. 실전을 대비한 공부입니다. 이해에 중점을 둔 공부에서 확인을 통해 응용하는 공부로 이어진 뒤에는 실전과 같은 공부를 해야 합니다. 실전과 같은 공부를 할 때 가장 좋은 텍스트는 기출문제입니다. 기출문제에 나온 문제가 또 나올 수는 없지만 기출문제에서 중요하게 다룬 개념, 실험과 같은 것은 언제든지 다시 나올 수가 있습니다. 보통 3~4년 정도의 기출문제를 공부합니다. 이때 자기 학교 말고 다른 학교의 기출문제도 같이 다뤄보는 것이 좋습니다.

기출문제를 풀 때는 시간을 재면서 시험처럼 풀어야 합니다. 이것은 실전을 대비하는 목적이 있기 때문입니다. 시간을 지키면서 공부하는 것과 그냥 공부하는 것은 학습 효율이 다릅니다. 실제 시험에 적응하는 것에서도 차이가 생깁니다.

학원 자료는 보충적으로

요즘은 자료가 넘쳐나는 세상이라 위에서 말한 것 말고도 많은 자료를 구할 수 있습니다. 공부할 때 자료가 부족한 일은 잘 없습니다. 학원 자료가 대표적입니다. 학원을 다닌다면 위에 공부한 책이나 문제집 말고도 학원에서 많은 자료들을 제공합니다.

공부 계획을 짤 때 학원 자료를 우선시하는 학생들을 봅니다. 어느 것이 우선되어야 하는지, 공부 순서를 어떻게 짜야 하는지를 모르는 경우입니다. 교과서의 이해가 선행되어야 하는데, 학원 자료부터 손에 잡습니다. 이해가 앞서야 하는데 학원 자료를 외우기에 급급합니다. 앞선 단계를 건너뛰고 나중 단계부터 공부한다면 제대로 된 공부가 아닙니다. 너무나 돌아가는 길입니다. 올바른 공부 순서를 염두에 두고 공부 계획을 짜야 하는 이유입니다.

3
일주일 계획부터 세워라

공부 계획을 세울 때 시간 단위를 잘 설정하는 것도 중요합니다. 보통 하루, 일주일, 한 달 이렇게 나누어볼 수 있습니다. 가장 쉬운 방법은 하루 공부 계획을 짜는 것입니다. 당장 내일 뭘 공부해야 할지를 정하는 방법이죠. 전날 밤에 미리 다음 날 공부 계획을 짜놓는 방식입니다. 급하면 그날 아침에 하루의 공부 계획을 세우기도 합니다. 이것을 '일별 계획법'이라 부릅니다.

일별 계획은 짜기는 쉽지만 너무 바로 앞만 보고 달리는 경향이 있습니다. 공부라는 게 하루만 하고 끝나는 것이 아닌데, 먼 시야를 갖지 못한 채 하루하루 공부 계획만 짜는 것은 근시 안적입니다. 시험공부를 한다고 해 보죠. 시험까지 남은 일정을 고려해 공부량을 배분해야 하는데 일별 계획으로는 불가능합니다. 하루 벌어 하루 먹고살기 힘든 삶이라면 미래를 꿈꾸기 어렵습니다.

그렇다고 한 달 또는 그 이상으로 계획을 세우는 것은 현실성이 떨어집니다. 공부를 하다 보면 계획이 흐트러지는 일은 흔합니다. 여러 가지 변수가 있기 때문입니다. 한 달짜리 계획을 아무리 잘 짜봐야 그 계획대로 한 달을 보낼 수 있는 경우는 거의 없습니다. 실현되기 어려운 계획표를 보고 있으면 스트레스만 쌓입니다. 어느 정도 계획을 달성해가는 맛이 있어야 공부가 잘되는 건데 너무 멀리 내다본 계획은 실현 가능성이 낮습니다.

그래서 일주일 단위로 계획을 짜는 것을 권합니다. 주별 계획법입니다. 너무 멀지도 않고 너무 가깝지도 않은 계획법입니다. 일주일 정도면 달성하기에도 적당하고, 혹시 계획대로 되지 않더라도 빠르게 수정할 수 있습니다. 화요일에 일이 생겨 못 했다면 수요일부터 일요일까지 이를 보충할 수 있습니다.

공부할 수 있는 시간을 체크합니다

일주일 계획을 세울 때는 먼저 공부 가능한 시간부터 체크해야 합니다. 학교를 다니는 학생이면 학교에서 공부할 수 있는 시간과 방과 후 공부할 수 있는 시간을 구분해주면 좋습니다.

학교에서 무슨 공부를 할 수 있겠냐고요? 쉬는 시간, 점심시간 등 자투리 시간이 많습니다. 이런 시간만 하루에 몇십 분 모아도 꽤 많은 것을 공부할 수 있습니다. 방과 후에는 이동시간과 학원 가는 시간 등을 빼고 실제로 공부할 수 있는 시간을 체크해야 합니다. 학원을 가지 않는 날에는 자기 전까지 저녁 식사 시간을 제외하고 3~4시간, 학원을 가는 날에는 1~2시간 정도 확보되는 것이 보통입니다. 학원을 너무 많이 다녀서 혼자 공부할 시간이 없다는 사람은 학원 구조조정을 고민해봐야 합니다. 혼자 공부할 수 있는 시간 확보는 너무나 중요하기 때문입니다.

이렇게 공부 가능한 시간을 확인했다면 이제 쉬는 시간을 정해줘야 합니다. 일주일 내내 계속 공부만 할 수 있다면 좋겠지만 현실적으로 그건 어렵습니다. 회사에 다니는 직장인도 일주일에 이틀 정도는 쉽니다. 공부하는 사람이 이틀을 쉬는 것은 어렵지만 하루 또는 한나절 정도의 쉬는 시간은 있어야 합니다.

쉬는 시간은 계획대로 공부를 하지 못했을 때 빠진 부분을 보충할 수 있는 시간이기도 합니다. 이런 여유 시간을 확보하지 않고 빡빡하게 계획을 세우면 진도가 밀렸을 때 대처하기가 쉽지 않습니다. 쉬는 시간을 아까워해서는 안 되는 이유입니다.

[일주일 시간 체크 예시]

	월	화	수	목	금	토	일
학교	40분	30분	40분	40분	50분	오전 휴식	5시간
방과 후	2시간	1시간	3시간 30분	2시간 30분	1시간	5시간	저녁 휴식
비고		수학 학원			수학 학원		

일주일 단위로 공부할 수 있는 시간을 확인하고, 쉬는 시간을 정해둡니다. 이런 식으로 시간 배분부터 해둬야 공부 계획을 잘 짤 수 있습니다. 물건을 창고에 넣어서 정리하는데, 창고 크기와 남은 공간부터 확인하는 것은 기본입니다.

일주일의 목표를 정합니다

사용 가능한 공부 시간과 쉬는 시간을 정리했다면 그다음 할 일은 일주일의 공부 목표를 정하는 것입니다. 일주일의 목표를 세워야 매일의 계획을 짤 수 있습니다. 목표 없이 진도를 정하는 것은 의미가 없습니다.

일주일의 목표는 한 달, 한 학기, 1년의 목표와 연관됩니다. 일주일 단위로 계획을 짠다고 하여 일주일의 목표만 정하는 것이 아닙니다. 큰 틀의 목표를 정해놓고 그에 맞춰 이번 주에 뭘 해야 하는지를 계획하는 것입니다. 한 학기 목표 정도는 있어야 합니다.

예를 들어, 중학교 3학년 2학기의 목표는 고등학교 공부를 예습하고 준비하는 것입니다. 중학교 국어문법 총정리, 고1 수준 영어단어장 끝내기, 중학교 수학 전 범위 복습 등이 이에 해당합니다.

한 학기 목표를 이렇게 정했다면 구체적으로 이번 주의 일주일 목표를 세워야 합니다. 국어 과목의 이번 학기 목표가 중학교 국어문법 총정리니까, 이를 위해 이번 주에는 중학교 국어문법 인강을 2개 듣고 복습한다는 식으로 정하는 것입니다. 다음 주에는 국어문법 문제집을 하루에 3페이지씩 3일을 풀겠다고 정하는 겁니다.

구체적으로 공부 과목과 시간을 배분합니다

일주일 목표를 정한 뒤에는 앞에서 짜두었던 시간 계획을 참고해 구체적으로 어느 요일에 어떤 과목을 몇 시간 동안 공부할지를 정하면 됩니다.

공부 계획을 세울 때는 시중에 나와 있는 스터디 플래너와 같은 제품을 사용해도 좋습니다. 요즘에는 앱으로도 공부 계획을 세울 수 있습니다. 어떤 방법으로 주간 공부 계획을 세우든 간에 중요한 것은 실제로 공부할 수 있는 시간을 잘 체크해서 버리는 시간이 없도록 하는 것입니다.

그리고 공부 과목의 특성을 파악해서 적절한 시간에 배치하도록 해야 합니다. 학교에서 공부하는 과목과 집에서 공부하는 과목은 구분하면 좋습니다. 예를 들어 인강을 학교에서 자투리 시간에 듣기는 어렵습니다. 이런 공부는 집에서 적어도 1시간 이상을 투자해야 하니까 이를 고려해서 계획을 짭니다. 학교에서는 잠깐잠깐 하기 좋은 공부를 하도록 계획을 세웁니다. 영단어 외우기, 수학 문제 5개 풀기 등등 자투리 시간을 활용할 수 있도록 말입니다.

[일주일 공부 계획표 예시]

	월	화	수	목	금	토	일
학교	영단어 1day	영단어 1day	영단어 1day	영단어 1day	영단어 1day	오전 휴식	영단어 주간 복습
			수학 5문제	수학 10문제	수학 10문제		수학 학원 과제
방과 후	국어 문법 인강	영어 문법	국어 문법 인강	수학 학원 과제	영어 뮤법	수희 학원 과제	저녁 휴식
	수학 학원 과제		수학 학원 과제				
비고		수학 학원			수학 학원		

4

분량 기준으로 계획하라

공부 계획을 세울 때 분량을 기준으로 할 것인지, 시간을 기준으로 할 것인지 고민하게 됩니다. 보통 사람들은 시간을 기준으로 공부 계획을 짜는 것 같습니다. 그게 더 간단하고 직관적이기 때문입니다. 앞서 일주일 공부 계획표를 짤 때 사용 가능한 공부 시간을 찾아봤습니다. 시간을 기준으로 계획을 짠다면 이 공부 시간 체크표만 있으면 됩니다. 거기에 과목 정도만 넣으면 일주일 공부 계획이 완성됩니다.

	월	화	수	목	금	토	일
학교	40분	30분	40분	40분	50분	오전 휴식	5시간
	영단어	영단어	영단어	영단어	영단어		영단어 수학
방과 후	2시간	1시간	3시간 30분	2시간 30분	1시간	5시간	저녁 휴식
	국어 문법 인강	영어 문법	국어 문법 인강	수학 학원 과제	영어 문법	수학 학원 과제	
	수학 학원 과제		수학 학원 과제				
비고		수학 학원			수학 학원		

언뜻 보기에는 잘 짠 공부 계획표인 것 같습니다. 그러나 이렇게 시간을 기준으로 짠 공부 계획표는 약점이 있습니다. 시간을 기준으로 하면 실제로 공부하지 않고 시간만 때우는 경우가 자주 발생한다는 것입니다. 뭘 해도 시간은 흐르기 때문입니다. 3시간 동안 책상에 앉아 있어도 집중하지 않고 딴생각만 하고 보냈다면 그건 공부라고 할 수 없습니다. 시간을 기준으로 공부 계획을 짤 때 바로 이런 문제가 생깁니다. 이렇게 하다 보면 일주일의 공부 목표를 달성하는 것은 어려워집니다. 공부

의 효율이 안 올라오고, 목표를 세운 의미도 없습니다.

그래서 분량 기준으로 공부 계획을 짜는 것이 좋습니다. 분량 기준으로 공부 계획을 세우면 내가 이 시간에 무엇을 얼마큼 해야 하는지가 명확해집니다. 이렇게 목표점이 명확해야 열심히 달릴 욕구가 생깁니다. '깃발이 저기 보이니까, 저기까지만 뛰면 되겠다.'라고 생각할 수 있습니다. 마라톤을 뛰는데 3시간만 뛰면 된다는 사람과 42.195km를 3시간 안에 뛰어야 한다는 계획을 가진 사람은 다를 수밖에 없습니다.

자신의 공부 능력에 맞춰
공부 분량을 정하세요

분량을 기준을 했을 때 중요한 것은 내가 얼마나 공부할 수 있는지입니다. 옆의 친구가 하루에 수학 문제 100문제를 푼다고 해서 그걸 그대로 따라 해서는 안 됩니다. 전교 영어 1등이 하루에 100단어를 외운다고 해서 '나도 그대로 따라 해서 영어 1등 해야지.'라고 생각해서는 안 됩니다.

철저히 내가 할 수 있는 공부 능력에 맞춰 공부 분량을 정해야 합니다. 나는 1시간에 단어 50개를 겨우 외우는데, 1등처럼

100단어를 외우려고 하면 그 계획은 지킬 수가 없습니다. 내가 할 수 있는 범위에서 최선을 다하는 것이 공부의 기본입니다. 그러다 보면 공부 능력이 늘어나게 되는데, 그때가 되면 늘어난 공부 능력에 맞춰 공부 분량을 더 늘려주면 됩니다. 이렇게 선순환이 되다 보면 성적도 자연스럽게 올라갑니다.

앞서 자기의 공부 능력을 철저히 확인하라고 한 이유가 여기에 있습니다. 자신의 역량을 확인하고 그에 따라 공부 계획을 세우는 것, 나만의 맞춤형 공부 계획을 잘 짜는 것이 1등급 공부법의 핵심비결입니다. 다시 한번 강조하지만 다른 사람의 공부량, 공부 계획은 참고만 하고 결국은 나 자신에게 초점을 맞춰서 계획을 짜야 합니다.

이렇게 공부계획을 짜보세요

수요일 방과 후에 3시간 30분 정도 시간이 남는 경우를 예로 들어봅시다. 다음 날 수학학원을 가야 하기 때문에 오늘 수학학원 과제를 해야 합니다. 지금 학원에서 하는 쎈 수학을 나는 1시간에 20문제 정도 풀 수 있습니다. 그런데 국어문법을 정리하기 위해 문법 인강도 듣기로 했습니다. 인강은 1시간 정도인데 다 듣고 나서 문제 풀고 복습하려면 30분은 더 필요합니다.

이때는 국어문법 공부 시간 1시간 30분을 먼저 확보해 놓고, 나머지 시간을 수학에 다 투자하면 됩니다. 문법 인강은 시간이 정해져 있고, 연속적으로 들어야 하기 때문입니다. 남은 2시간 동안 수학 문제를 20문제×2시간=40문제를 풀 수 있습니다.

여기에 더하여 수요일에는 학교에서 40분 정도 자투리 시간을 확보할 수 있습니다. 그것 또한 공부 능력을 반영해서 공부 계획을 세웁니다. 학교에서 틈틈이 보기에 좋은 영단어 암기를 하기로 합니다. 나는 1시간에 30개 정도 단어를 외우는데 40분이니까 20개를 외우면 될 것 같습니다.

그러면 수요일 공부 계획은 다음과 같이 됩니다.

[수요일 공부 계획표 예시]

목표	소요시간	계획시간	완료
영단어 20개	40분	쉬는 시간 점심시간 틈틈이	
국어문법 인강 1강 듣고 복습	1시간 30분	3시 30분~5시	
수학 40문제	2시간	6시 30분~8시 30분	

마지막 완료 칸은 그날 계획된 공부를 다했는지를 체크하기 위함입니다. 계획대로 공부를 했을 때 체크를 해주는 것은 우리 뇌에게 작은 보상을 주는 것입니다. 성취감을 안겨주는 행동입니다. 공부를 다했는데 그냥 넘어가기보다는 이렇게 체크를 해줌으로써 내가 잘하고 있구나 하는 생각을 뇌에 새겨주는 것이 좋습니다. 이런 작은 성공이 모여서 자신감이 되기 때문입니다. 사소해 보이는 체크 표시 하나가 공부 습관을 잡고 공부 계획을 성실하게 이행하는 데 큰 힘이 됩니다.

5

휴식 시간도
공부 계획에 넣어라

공부 계획을 세울 때는 휴식 시간을 미리 정해놓는 것이 좋습니다. 공부만 계속해야 할 것 같고, 공부하다가 지치면 그때 쉬면 된다고 생각하는 사람이 많습니다. 하지만 적절한 휴식을 취해야 공부도 더 효율적으로 할 수 있습니다. 쉬지 않고 달리면 처음에는 더 많이 달리는 것 같지만, 나중에 전체적으로 살펴보면 쉴 때 쉬면서 달린 사람이 더 멀리 갈 수 있습니다. 공부 계획을 짤 때 공부 능력에 맞는 공부 시간과 분량을 정하는 동시에 적절한 휴식시간까지 계획해줘야 제대로 쉴 수 있습니다.

공부 시간을 지키는 만큼 휴식 시간을 지키는 것도 중요합니다.

어떻게 쉬어야 잘 쉬는 것인지, 좋은 휴식 방법에 대해서는 나중에 알려주겠습니다. 여기서는 공부 시간과 휴식 시간을 미리 정해둬야 한다는 것을 꼭 새겨주세요. 공부 계획에서 휴식 시간까지 정해놓아야 잘 쉴 수 있다는 것을 기억해야 합니다. 이런 원칙을 잊은 채 공부 계획을 세우면, 결국 그 계획을 잘 지키지 못할 위험이 큽니다.

휴식 시간을 얼마나 주는 것이 효과적인지는 사람마다 조금씩 다를 수 있습니다. 각자의 집중력, 공부 체력, 여건 등이 다르므로 개인차는 있을 수밖에 없습니다. 여기에서는 휴식 시간에 대한 하나의 가이드라인을 제시하려고 합니다. 어느 정도 기준을 보여주면 여러분이 각자의 상황에 맞게 조절할 수 있을 테니까요.

휴식의 종류에 따른 휴식 시간

휴식에는 크게 3가지가 있습니다. 짧은 휴식, 긴 휴식, 식사가 그것입니다. 짧은 휴식이란 공부를 하다가 잠깐 쉬면서 기분전환을 하는 것입니다. 쉴 새 없이 달리던 마라토너가 잠시

물병을 들어 목을 축이는 정도의 휴식을 말합니다. 긴 휴식이란 책을 덮고 충분히 회복될 정도로 쉬는 것입니다. 공부로 지쳐버린 뇌와 육체가 회복할 시간을 주는 것입니다. 식사는 에너지원을 공급하는 휴식입니다. 긴 휴식은 식사를 하면서 취하는 경우도 있지만 다른 방법으로 접근하는 것이 좀 더 좋습니다. 휴식 시간에 하는 일이 다르기 때문입니다.

짧은 휴식은 5분 정도면 충분합니다. 기분전환을 위한 휴식이므로 너무 길어져서는 안 됩니다. 공부를 하다가 잠시 숨을 돌리는 휴식입니다. 물을 마시거나 화장실을 다녀오는 정도로 쉬는 게 짧은 휴식입니다. 저라면 공부 계획을 세울 때 30~40분 공부 후에는 5분간 쉬는 시간을 잡아줍니다. 이것보다 더 길게 휴식을 하면 늘어질 위험이 있습니다.

긴 휴식은 30분 정도가 적당합니다. 긴 휴식은 회복을 위한 휴식입니다. 뇌와 육체가 정상 컨디션으로 돌아올 수 있을 정도로 쉬워야 합니다. 공부를 계속하면 뇌의 에너지가 떨어집니다. 효율이 낮아지는 것인데요. 이때는 좀 더 오랫동안 충분히 쉬워야 합니다. 2~3시간 공부했다면 이런 긴 휴식이 필요합니다. '30분 공부-5분 휴식'을 1세트라고 봤을 때 이를 5세트 정도 하면 2.5시간을 공부한 셈입니다. 이 정도 공부를 하면 이제는 짧은 휴식으로는 피로가 사라지지 않습니다. 그래서 30분 정도의 긴 휴식을 해줘야 하는 겁니다.

식사는 하루에 3번입니다. 공부에서 휴식으로서 식사는 주로 점심 식사와 저녁 식사를 의미합니다. 새벽부터 공부를 하는 사람은 잘 없으니까요. 4시간 이상 연속적으로 공부를 하면 보통 식사 시간이 됩니다. 식사 시간은 1시간 이상 계획해야 합니다. 정말 공부할 게 많으면 식사를 건너뛰거나 식사 시간을 크게 줄이는 경우가 있는데 이는 피하는 것이 좋습니다. 식사를 안 하거나 식사 시간을 줄임으로써 받는 피해가 크기 때문입니다.

식사를 통해 우리 뇌와 육체는 에너지원을 공급받습니다. 공부는 생각보다 에너지 소모가 큽니다. 가만히 앉아 있어서 에너지 소모가 없는 것 같지만 우리 뇌는 크기에 비해 많은 에너지를 소모합니다. 그래서 에너지가 부족하면 공부 효율이 확 떨어집니다. 기름이 없으면 자동차가 움직이기 어려운 것과 같습니다. 에너지 공급으로서 식사는 중요합니다.

그런데 식사를 하면 소화를 해야 하고, 소화를 하는 동안에는 공부를 하기 어렵습니다. 소화를 위해 뇌에 쓰여야 할 에너지가 줄어들게 됩니다. 위장과 같은 소화기관이 뇌보다 더 열심히 일하는 시간입니다. 따라서 원활한 소화를 위해서 식사 시간을 길게 잡아야 합니다. 적어도 1시간 이상은 식사 시간으로 잡고 공부 계획을 세워야 합니다. 이 시간이 아깝다고 식사 시간을 줄여 공부를 해 봤자 공부 능률은 낮습니다. 그럴 바에는 식사 시간을 1시간 이상 확보하는 것이 더 낫습니다.

7장

몰입:
집중해야 1등급

1

스마트폰부터
치워라

공부에 가장 방해가 되는 물건은 무엇일까요? 많은 학부모님들이 스마트폰을 꼽습니다. 부모라면 한 번쯤은 자녀에게 언제 스마트폰을 사 주어야 하는지 고민하게 마련입니다. 스마트폰을 사 주는 시기를 가능한 한 늦추고 싶어 합니다. 스마트폰을 사 주었다 하더라도 이를 어떻게 통제할 수 있는지를 궁금해합니다. 스마트폰 관리 애플리케이션을 돈을 주고라도 구매하려고 합니다. 아이폰과 아이패드를 만든 스티브 잡스도 자녀의 이런 기기 사용을 제한했습니다. 빌 게이츠도 14세 전까지 아이의 휴대전화 사용을 금지했습니다. 이처럼 스마트폰과 같은 스마트 기기를 잘 활용하는 사람들마저도 스마트폰을 경계했습니다.

학생들도 스마트폰이 문제라는 것은 알고 있습니다. 어떤 학생들은 일부러 스마트폰을 안 쓰기도 합니다. 집중을 방해하기 때문입니다. 하지만 스마트폰의 유혹에서 벗어나기는 어렵습니다. 대다수의 학생들은 부모와 싸우면서도, 부모에게 혼나면서도 스마트폰을 포기하지 못합니다. 일상생활에서 스마트폰을 벗어나지 못합니다.

아이고 어른이고 관계없이 스마트폰에 한 번 빠지면 헤어나오기 어렵습니다. 우리는 눈을 뜨면 스마트폰부터 확인합니다. 하루 종일 스마트폰은 손에서 떠나지 않습니다. 평균 10분에 한 번씩은 스마트폰을 들여다본다고 합니다. 자다가 일어나서 스마트폰을 한 번씩 확인하는 일도 흔합니다. 사실상 스마트폰이 우리의 삶을 지배하고 있습니다.

스마트폰은 몰입을 방해합니다

우리 뇌는 자극에 민감하도록 진화했습니다. 주위 자극에 잘 반응하는 뇌의 특성은 인간의 생존에 꼭 필요한 것이었습니다. 자연에서 생활하던 우리 인류는 항상 주위 환경을 잘 관찰하고 변화에 민첩하게 대응해야 했습니다. 그런 사람이 잘 살아남을 수 있었습니다. 이렇게 우리 뇌는 주변 상황에 반응하도록 발달해 왔습니다.

문제는 현대 사회에는 너무 많은 자극이 있다는 것입니다. 뇌가 감당할 수 있는 것보다 더 많은 자극이 쏟아지고 있습니다. 그런 자극의 정점이 스마트폰입니다. 스마트폰은 우리 뇌를 자극합니다. 지속적으로 우리 뇌에 새로운 자극을 전달합니다.

자극이 들어오면 뇌는 반응합니다. 자극이 강할수록, 새로울수록 뇌는 거기에 집중합니다. 스마트폰을 들여다보고 있을 때 뇌는 스마트폰에 몰입하게 됩니다. 공부가 아니라 생활이 아니라, 스마트폰에 몰입하게 됩니다. 숏츠나 릴스를 하염없이 몇 시간이고 들여다보다가 해야 할 일을 놓쳐버립니다. 여기 저기 인터넷 게시판을 계속해서 돌아다니다 보면 하루가 금방 지나갑니다. 페이스북, 인스타그램 같은 SNS의 미로에 빠져버립니다.

OUT OF SIGHT, OUT OF MIND

몰입하려면 스마트폰을 치워야 합니다. 공부를 위해서뿐만 아니라 일상생활을 위해서도 스마트폰을 멀리해야 합니다. 건강을 위해서도 스마트폰을 손에서 떼어내야 합니다.

하지만 너무나 많은 사람들이 스마트폰 중독 증상을 보입니다. 스마트폰을 들고 있지 않으면 큰일 난다고 생각합니다. 스마트폰을 하루 종일 붙잡고 있는 아이에게 화를 내고 스마트폰을 뺏으면 길길이 날뛰는 아이를 보게 됩니다. 다른 일로 혼을 낼 때는 고분고분하던 아이도 스마트폰을 못 하게 하면 반항하는 일이 흔합니다.

스마트폰을 단번에 금지하는 것은 어렵습니다. 어른도 스마트폰에서 벗어나는 것이 힘듭니다. 공부하는 학생은 더욱 그렇습니다. 그래서 단계적으로 접근하는 것이 좋습니다.

가장 쉬우면서도 확실한 방법은 적어도 공부할 때만은 스마트폰을 치우는 것입니다. 공부할 때는 스마트폰을 거실에 두면 됩니다. 공부하는 장소에서 스마트폰을 떨어뜨려 놓아야 합니다.

중요한 것은 스마트폰이 내 시야에서 안 보여야 한다는 점입니다. '스마트폰을 만지지만 않으면 되잖아, 그냥 책상 위에 놓고 공부하면 되지.'라고 생각하는 경우가 흔한데 그래서는 스마트폰에서 벗어나기 힘듭니다. 스마트폰이 시야에 있는 것만으로도 몰입이 방해됩니다. 스마트폰을 손에 들고 있지 않더라도 스마트폰이 눈에 보이는 것만으로도 거기에 신경이 쓰입니다. 공부에 몰입해야 하는 에너지가 스마트폰으로 분산됩니다. 스마트폰을 하지 말아야지 하고 의지를 불태워야 합니다. 공부하는 데 의지력을 써야 하는데, 스마트폰을 무시하는 데 의지력을 쓰게 됩니다. 몰입이 깨집니다.

공부를 시작할 때 과감하게 스마트폰을 다른 방으로 치워버립니다. 계획된 공부를 다한 다음에는 스마트폰을 사용할 수 있습니다. 물론 쉬는 시간에 스마트폰을 쓰면 공부 효율이 안 좋은 것은 사실입니다. 가장 좋은 것은 공부 후에 휴식을 취하는 것입니다. 그렇지만 스마트폰 중독 증상을 한 번에 해결하기는 어렵기 때문에 적어도 쉬는 시간에는 스마트폰을 허용하는 것도 필요합니다. 공부 시간에 스마트폰을 보지 않는 것을 칭찬해주면서 보상으로 쉬는 시간에는 스마트폰을 쓰게 하는 방법입니다.

스마트폰 조절이 스스로 되지 않고, 부모가 관리하다가 싸움이 날 것 같으면 스마트폰 사용을 제한하는 독서실이나 스터디 카페를 다니는 것도 방법이 될 수 있습니다. 요즘은 학원에서 수업을 시작할 때 스마트폰을 제출하게 하는 곳도 있습니다.

인스타그램, 유튜브를 지워라

스마트폰 조절이 힘들다면 시간을 많이 빼앗고, 공부 몰입을 방해하는 애플리케이션을 하나씩 지우는 것도 좋습니다. 대표적으로 인스타그램과 유튜브를 지워보세요. 그것만으로도 스마트폰 중독을 어느 정도 해소할 수 있습니다.

물론 애플리케이션을 또 설치하면 그만입니다. 새로 설치하는 데 고작 몇 분 걸리지도 않습니다. 하지만 한 번 애플리케이션을 삭제하면 그 효과가 생각보다 오래갑니다. 다시 설치하려다가도 한 번쯤은 멈칫하게 됩니다. 그런 망설임이 쌓이면 스마트폰 중독에서 조금씩 벗어날 수 있습니다.

애플리케이션을 삭제하는 것으로도 해결되지 않는다면 로그인 암호를 제3자에게 바꾸게 하는 방법도 써볼 수 있습니다. 부모님이나 친구에게 인스타그램 암호를 바꾸게 하고, 그 암호는 주말에만 알려달라고 부탁하는 겁니다. 평일에는 이런 애플리케이션을 쓰지 못하게 제한하는 것입니다. SNS를 하고 싶은 욕구를 적절하게 조절할 수 있습니다.

멀티태스킹
=3*-1

멀티태스킹은 여러 가지 일을 동시에 하는 것입니다. 밥을 먹으면서 TV를 보는 와중에 스마트폰도 수시로 들여다봅니다. 유튜브를 틀어놓고, 인스타그램을 보면서 레포트를 작성합니다. 멀티태스킹은 여러 형태의 문명의 이기가 등장하면서 시작되었습니다. 과거에는 멀티태스킹이라고 해 봤자 식사 중에 TV를 보는 정도였습니다. 라디오를 들으면서 공부하는 게 멀티태스킹이라면 멀티태스킹이었습니다. 이제는 TV, 스마트폰이 있어서 동시에 여러 가지를 다루는 것이 보통입니다.

스마트폰은 태생적으로 여러 가지 일을 할 수 있는 기기입니다. 아이폰을 처음 소개할 때 스티브 잡스는 음악감상, 전화, 웹서핑을 하나의 기기로 할 수 있다고 말했습니다. 그전에는 음악 플레이어와 전화기 그리고 컴퓨터가 각각의 기능을 수행했습니다. 여러 가지 기능을 하나로 모은 스마트폰을 하루 종일 손에 쥐고 있기 때문에 멀티태스킹은 자연스러워졌습니다. 여러 가지 애플리케이션을 동시에 실행하거나 빠르게 진환히는 일은 이제 평범한 일이 되었습니다.

뇌 기능을 낭비하는 멀티태스킹

멀티태스킹은 한 번에 여러 가지 일을 하는 것이기 때문에 대단한 능력자인 것처럼 보입니다. 한 가지 일을 하는 것도 힘든데 동시에 몇 개의 일을 하니까 뇌를 잘 활용하는 것처럼 느껴집니다.

현실은 그렇지 않습니다. 공부하면서 동시에 인터넷 사이트를 서핑하는 학생과 공부를 마친 후 인터넷 사이트 서핑을 하는 두 그룹의 집중력을 테스트했더니 한 가지 일을 하나씩 처리한 쪽이 더 집중력이 높았다고 합니다. 멀티태스킹을 하는 사람들은 집중력이 저하되는 모습이었습니다.

멀티태스킹은 허상입니다. 우리는 '동시에' 여러 가지 일을 할 수 없습니다. 우리 뇌는 한 번에 한 가지 일에만 집중하도록 되어있습니다. 두 가지, 세 가지 일을 동시에 처리하는 것이 아닙니다. 사실은 하나의 일에서 다른 일로 왔다 갔다 할 뿐입니다. TV를 보면서 스마트폰을 할 때 TV에 몇 초 집중했다가 스마트폰으로 대상을 바꾸는 것입니다.

문제는 이렇게 대상을 바꿀 때 뇌가 그 속도를 따라가기 어렵다는 점입니다. 하나의 작업을 꾸준히 하면 뇌는 그 일에 몰입할 수 있는데 몇 초에 한 번씩 작업을 계속 바꾸게 되면 뇌는 첫 번째 작업과 두 번째 작업 사이에서 길을 잃어버립니다. 두 번째 작업으로 완전히 넘어가지 못하고, 뇌의 일부는 첫 번째 작업에 어느 정도 할애되어 있습니다. 레포트를 쓰다가 인스타그램을 잠깐 보는 순간, 뇌의 일부는 레포트에 뇌의 다른 일부는 인스타그램에 쏠립니다. 그렇다고 첫 번째 작업인 레포트 쓰기가 뇌에서 처리되는 것도 아닙니다. 뇌 용량은 차지하지만 실제로 작업은 이루어지지 않습니다.

하나의 작업을 마친 후 다른 작업으로 넘어가면 뇌가 각각의 작업을 100% 수행할 수 있습니다.

세 가지 일을 멀티태스킹하면 각각의 작업에 뇌 기능이 조금씩밖에 쓰이지 못합니다. 세 가지 일을 동시에 처리하면 전체적인 뇌 효율은 100이 되지 못합니다. 위의 표에서 세 가지 작업에 쓰이는 뇌 기능은 30＋20＋20으로 70밖에 안 됩니다. 나머지 30은 어디로 갔을까요?

멀티태스킹을 할 때 우리는 각각의 작업을 건너뛰어 다니고 있습니다. 일과 일 사이를 넘나드는 데도 뇌 기능이 필요합니다. 사라진 30은 각각의 작업에서 다른 작업으로 전환하는 데 쓰입니다. 작업에서 작업으로 옮겨 다니는 것을 '스위칭'이라고 하는데 스위칭에는 비용이 따릅니다. 30은 스위칭 비용이고, 뇌 기능을 낭비하는 일입니다.

뇌의 산만함을 부추기는 멀티태스킹

멀티태스킹은 뇌 기능의 몰입을 방해합니다. 몰입은 100% 뇌를 쏟아붓는 것인데 멀티태스킹을 하다 보면 몰입할 수가 없습니다. 이는 당장의 공부에도 큰 영향을 미치지만 장기적으로 보면 더 안 좋은 결과를 낳게 됩니다. 주의 산만한 뇌로 변하는 것입니다.

멀티태스킹을 일상적으로 하면 집중력이 저하되는데, 이를 뇌가 학습하게 됩니다. 집중력도 훈련과 연습이 필요한데 집중력이 떨어진 상태가 지속되면 뇌는 주의 산만을 배우게 됩니다. 하나의 일에 몰두하는 경험이 적어지면 몰입할 수 있는 능력이 사라집니다.

요즘 2시간까지 영화를 보는 것에 어려움을 호소하는 사람들이 많습니다. 숏츠, 릴스처럼 몇 초짜리 콘텐츠에 익숙해지다 보니 긴 영상을 보기 힘듭니다. 독서도 마찬가지입니다. 한 권의 책을 읽을 수 있는 사람들이 줄어들었습니다. 사람들이 읽는 글은 유튜브 동영상에 나오는 자막뿐이라는 농담도 있는데, 이렇게 평소에 긴 호흡의 글을 읽지 않으니 책을 읽기 힘들다는 사람이 늘었습니다.

현대인에게 주의 산만은 기본이 되어버렸습니다. 스마트폰을 가지고 멀티태스킹하다가 집중력을 잃어버린 것입니다. 붕어의 기억력은 3초라는 말이 있는데, 인간의 기억력도 붕어와 비슷하게 변해가고 있습니다. 방금 봤던 숏츠의 내용도 기억을 못 합니다. 디지털 치매가 늘어나고 있습니다.

멀티태스킹은 결코 뇌에 좋지 않습니다. 공부에는 당연히 좋지 않습니다. 공부를 할 때 멀티태스킹을 하지 않는 것은 당연하고, 평소에도 멀티태스킹을 멀리해야 합니다. 뇌가 근본적으로 주의 산만으로 바뀌게 되면 공부를 잘하려야 잘할 수가 없기 때문입니다.

불안과 몰입

사람은 누구나 불안합니다. 늘 걱정을 합니다. 시험을 망치면 어떻게 하지, 우리 아이가 중학교에 가면 잘할 수 있을까, 레포트 제출이 일주일밖에 안 남았네 등등 걱정은 끊이지 않습니다.

불안은 안정되지 못했다는 말입니다. 마음이 고요하고 안정된 상태가 아니라 자꾸 흔들린다는 뜻입니다. 생각대로 되는 것은 없고, 일이 손에 잡히지도 않는 상태가 불안입니다. 걱정이 앞서서 심장이 두근거리고, 잡생각으로 정작 중요한 일에 집중하지 못하는 것이 불안입니다.

불안하면 몰입하지 못합니다. 마음이 두둥실 떠 있는데 몰입이 될 리가 없습니다. 뇌가 하나의 일에만 집중하는 것이 몰입인데 흔들리는 마음은 하나에 몰입할 수 없게 만듭니다.

그래서 어떤 사람들은 불안을 줄이라고 말합니다. 불안해하지 말고 그냥 공부나 하라고 합니다. 불안할 시간에 공부하면 된다고 주장합니다. 불안하면 몰입할 수 없으니끼 불안을 줄이면 된다는 해결책입니다. 일견 맞는 말처럼 보입니다. 그렇지만 인간은 기계가 아닙니다. 불안을 줄이라고 해서 바로 불안을 줄일 수 있다면 무슨 걱정이 있을까요. 불안을 스스로 조절할 수 있는 사람이라면 불안에 빠지지도 않을 겁니다. 인위적으로 불안을 줄이는 것은 불가능합니다. 몰입이 중요하다고 해서 가능하지 않은 일을 강요할 수는 없습니다.

불안을 이용하자

사실 불안이 꼭 나쁜 것만은 아닙니다. 불안하다는 것은 스트레스가 심하다는 뜻인데 스트레스가 공부에 방해만 되는 것은 아닙니다. 불안과 스트레스는 양날의 검입니다.

중요한 시험을 앞두고 스트레스를 안 느끼는 학생이 있습니다. 이 학생은 항상 시험을 잘 볼까요? 꼭 그렇지 않습니다. 천하태평인 학생은 공부를 놔버리는 경우도 많습니다. 시험 걱정이 안 되는데 공부를 할까요? 시험을 망칠까 두려워서 공부가 안되기도 하지만 그 두려움 때문에 공부를 하는 것도 사실입니다. 불안하면 공부를 하게 됩니다.

초원에서 사냥을 하던 원시 인류를 생각해봅시다. 갑자기 저 멀리서 사자를 발견했을 때 우리 뇌는 긴장을 합니다. 스트레스가 커집니다. 위기상황을 극복하기 위해 집중하고 몰입하게 됩니다. 스트레스는 이처럼 위기상황을 이겨내기 위해 발생합니다. 문제는 스트레스가 과해지면 오히려 망친다는 것입니다. 사자를 봤는데 너무 긴장해서 몸이 굳어버리면 사자에게 사냥 당하는 것처럼 말입니다.

즉, 불안과 스트레스는 적절하게 조절해야 합니다. 불안을 이용해서 집중할 수 있는 상태로 만들어야 합니다. 사자로부터 도망치기 위해 몰입할 수 있을 정도의 불안, 아무것도 못 하고 정신을 못 차리는 그런 불안에 빠지지 않게 주의해야 합니다. 그것이 몰입을 위해 불안을 현명하게 이용하는 길입니다.

불안을 인정하자

불안을 이용하기 위해서는 인정부터 해야 합니다. 불안하다는 사실, 스트레스를 받고 있다는 현실에 집중해야 합니다. 내 마음은 이미 불안한데, 시험 스트레스를 팍팍 받고 있는데 이를 외면해서는 안 됩니다. 사자가 눈앞에 보이는데 사자가 없다고 아무리 생각해봐야 사자라는 현실적 위협은 사라지지 않습니다. '꿩은 급하면 머리만 풀에 감춘다.'라는 속담이 있습니다. 꿩은 자기 눈에 안 보이면 위험이 사라진다고 생각해서 일단 머리부터 숙이고 본다는 말입니다. 우리는 꿩이 되어서는 안 됩니다. 눈에 보이는 위험을, 내가 느끼는 불안을 인정하고 받아들여야 합니다.

불안을 없애려고 특별한 노력을 기울일 필요도 없습니다. 우리 뇌는, 우리 마음은 인위적으로 조절할 수가 없습니다. 잠이 안 오는데 자야지 하고 스스로 세뇌해 봐야 불면증은 해결되지 않습니다. 있는 불안을 줄이려고 노력하는 것은 의미 없습니다. 없애려고 하면 불안은 더 커집니다. 불안을 없애려고 계속 생각하다 보면 불안한 일만 더 떠오르기 때문입니다. 잠이 안 온다고 거기에만 신경 쓰면 더 잠이 오지 않는 것처럼 말입니다. 억지로 불안을 떼 내려는 마음이 불안을 더 살찌게 합니다.

불안에 대해 쓰자

불안하다는 사실을 인정하고 난 뒤에는 불안을 잘 다스려야 합니다. 인위적으로 불안을 없애라는 말이 아니라 불안을 긍정적인 에너지로 바꾸자는 뜻입니다.

불안을 긍정적으로 바꾸는 가장 간단하면서도 효과적인 방법은 불안을 글로 쓰는 것입니다. 내 걱정이 무엇인지, 왜 걱정하는지를 써보는 것입니다. 놀랍게도 불안에 대한 생각과 감정을 글로 쓰면 불안한 마음이 진정되고 좀 더 차분해집니다. 우리가 심리적으로 흔들릴 때 상담을 받고 나면 마음이 안정되는데, 자기 속에 있는 이야기를 밖으로 꺼내는 것이 실제로 안정에 도움을 줍니다. 고해성사, 심리상담으로 문제 되는 일이 해결되는 것은 아니지만 내 속에 있는 고민을 말하는 것만으로도 불안을 조절할 수 있습니다.

불안 글쓰기도 비슷한 맥락에서 불안을 조절하는 데 도움을 줍니다. 제3자에게 말하는 것도 좋지만 노트에 글로 자신의 불안에 관해 써보는 것도 비슷한 효과를 가져다줍니다. 자기의 불안을 글로 써놓고 가만히 그걸 들여다보고 있으면 생각이 정리됩니다. 불안은 막연함에서 비롯되는데 글로 쓰면 생각이 구체화됩니다.

이렇게 쓰다 보면 조금씩 해결의 실마리가 보이기도 합니다.

'작년 영어시험 볼 때 단어공부를 소홀히 했더니 단어 때문에 문제를 많이 틀렸었지. 이번에는 단어공부를 좀 더 해 볼까.'

지금 당장 노트를 펴고 불안과 걱정을 써보세요. 간단하게 단어만 써도 됩니다. 불안이 깊을 때는 많이 써도 좋습니다. 중요한 것은 불안을 토해내는 것입니다. 속으로만 끙끙 앓아봐야 해결되는 것은 없습니다. 일단 쓰세요.

생활을 단순하게

1등급의 하루는 어떨까요? 사람마다 차이가 있겠지만, 공통적으로 보이는 특징이 있습니다. 그것은 바로 단순하게 생활한다는 점입니다. 1등급의 일과는 단순하게 구성되어 있습니다. 학교 → 학원 → 집, 학교 → 집, 학교 → 독서실 → 집과 같이 서너 군데의 장소만을 규칙적으로 이동합니다. 각각의 장소에서의 삶도 마찬가지입니다. 학교에서 1등급 친구가 어떻게 생활하는지 지켜보면 이를 알 수 있습니다. 대부분의 시간을 자리에 앉아서 공부합니다. 화장실 갈 때, 밥 먹을 때 말고는 자리에서 잘 일어나지도 않습니다. 공부와 휴식으로 구성된 단순한 하루입니다.

반대로 1등급이 아닌 학생들의 삶은 어딘가 부산하고 복잡합니다. 이것도 했다가 저것도 했다가, 바쁘고 할 일이 많은 것처럼 보입니다. 이런 모습은 생활에 집중하지 못했기 때문입니다. 공부에 몰입하지 못했다는 이야기입니다. 학교 끝나고 나서 바로 집으로 오거나 학원에 가는 것이 아니라 꼭 한 군데씩 들릅니다. 집에 오는 길에 뭘 사 먹고 있거나 뜬금없이 학용품을 산다는 핑계로 문구점에서 시간을 보내고 있습니다. 공부와 휴식 이외에도 놀 거 1, 놀 거 2, 먹을 거 1, 먹을 거 2가 삶을 복잡하게 만듭니다. 집에 와서도 바로 책상에 앉지 못합니다. 오늘 저녁 메뉴는 무엇인지도 궁금하고, 내가 좋아하는 아이돌이 신곡을 낸다는데 그 티져도 봐야 하고, 동생은 오늘 학교에서 뭐 했는지도 괜히 궁금합니다. 평소에는 싸우기만 하던 동생에게 말을 걸면서 시간을 보냅니다.

생각해보면 생활이 복잡할 이유는 없습니다. 삶의 본질은 단순하기 때문입니다. 지금 자기의 자리에서 가장 중요한 것에 집중해야 합니다. 이것저것 잡다하게 건들여 봐야 남는 것이 없습니다. 핵심적인 가치에 가진 힘을 쏟아야 합니다.

학생에게는 그것이 공부입니다. 다양한 가치를 추구할 수 있지만, 지금 내게 주어진 과제는 공부입니다. 그래서 생활을 공부 중심으로 꾸려나가는 것입니다. 불필요한 활동들을 생략하고, 공부에 몰입할 수 있는 생활 패턴을 만들어나가야 합니다. 1등급 학생들은 이러한 단순한 생활을 이미 하고 있습니다. 의식적으로 '공부만 해야지.'라고 생각하고 공부 이외의 활동을 줄인 것이 아닙니다. 가장 중요한 공부에 집중하다 보니 삶이 단순해진 것입니다.

단순해야 몰입할 수 있습니다

생활을 단순하게 하면, 깊이 들어갈 수 있습니다. 몰입할 수 있습니다. 식사할 때를 보면 이를 알 수 있습니다. 수십 가지 진수성찬을 차려놓고 먹을 때는 밥의 맛을 느낄 수 없습니다. 이것도 맛있고, 저것도 맛있어서 밥맛은 뒷전입니다. 밥은 그저 이 맛있는 음식들을 먹기 위한 보조일 뿐입니다. 그런데 음식을 간소하게 차려서 먹으면 밥에 집중할 수 있습니다. 밥, 국, 반찬 한 가지. 이렇게만 먹으면 음식 하나하나의 맛을 느끼게 됩니다. 비로소 밥맛이 느껴집니다. 천천히 밥을 씹어먹을 때의 식감, 밥알의 내음, 밥이 식도로 넘어갈 때의 그 느낌까지 하나하나 느낄 수 있습니다. 밥에 집중하고, 몰입할 수 있습니다.

세상에는 진수성찬처럼 우리 입맛을 유혹하고 자극하는 많은 것들이 있습니다. 식탁에서 가장 중심이 되어야 하는 것은 밥인데 밥으로부터 시선을 뺏는 것들입니다. 학생은 공부를 중심에 두어야 하는데, 공부에 가야 할 마음을 유혹하는 다른 것들입니다. TV, 친구, 유튜브, 간식, 코인노래방, 만화책 등등 여러 가지 유혹들입니다.

이러한 것들을 정리하고, 생활을 단순하게 해야 몰입할 수 있습니다. 흔히들 공부는 재미없다고 하는데, 공부에 몰입하면 공부에서 즐거움을 찾을 수 있습니다. 몰입이 즐거움을 가져다 줍니다. 아무런 맛이 나지 않는 밥을 천천히 오래 씹다 보면 단맛이 느껴지는 것처럼 말입니다.

『심플하게 산다』의 저자 '도미니크 로로'는 "심플한 삶은 평범하고 보잘것없는 것에서도 즐거움을 발견하는 것이다."라고 말했습니다. 단순하게 살면 평범한 공부에서도 즐거움을 발견할 수 있습니다.

애플의 아버지 스티브 잡스는 1998년 BusinessWeek와의 인터뷰에서 이렇게 말했습니다. "You have to work hard to get your thinking clean to make it simple. But it's worth it in the end because once you get there, you can move mountains(생각을 명확하고 단순하게 만들기 위해서는 열심히 해야 합니다. 그렇지만 그럴 만한 가치가 있는 일입니다. 당신이 단순함을 이루게 되면 당신은 산도 옮길 수 있기 때문입니다)."

단순함에 이르는 것은 쉽지 않습니다. 재밌는 것이 너무 많고, 신경 쓰이는 일이 많기 때문입니다. 하지만 해야 합니다. 목표를 이루려면, 중요한 것에 집중하고, 삶을 단순하게 만들어야 합니다. 공부와 관련되지 않은 일들은 멀리하고, 본질에 집중해야 합니다.

생활을
규칙적으로

　생활을 단순하게 하는 가장 좋은 방법은 생활을 규칙적으로 하는 것입니다. 단순한 삶은 불필요한 것을 줄이는 것인데, 규칙적인 생활은 이를 가능하게 합니다. 단순한 삶은 다른 것에 신경 쓰지 않게 만들어줘서 공부에 몰입할 수 있게 도와주는데, 규칙적인 삶도 마찬가지입니다. 정해진 시간에 정해진 일을 하면 신경 쓸 것이 줄어듭니다.

1등급은 규칙적으로 삽니다

공부를 잘하는 학생, 시험에 붙는 사람의 삶은 규칙적입니다. 주위를 둘러보세요. 그들은 그렇게 살고 있습니다. 그렇게 공부하고 있습니다. 매일매일 무엇을 할지가 미리 다 정해져 있어서 그대로 따르기만 하면 됩니다.

일어나는 시간만 봐도 알 수 있습니다. 정해진 시간에 일어나는 학생이 공부를 잘합니다. 일어나는 시간이 들쑥날쑥한 학생은 공부를 잘할 거라 기대하기 어렵습니다. 하루의 시작부터 규칙적이지 않기 때문입니다. 등교 시간을 제대로 못 지켜서 허둥대는 학생과 정해진 시간에 등교를 하여 차분히 수업 준비를 하는 학생 중 누가 더 공부를 잘할까요? 누가 더 공부에 몰입할 수 있을까요?

자는 시간도 그렇습니다. 어느 날은 갑자기 공부가 잘된다고 새벽까지 공부를 하고, 어떤 날은 피곤하다며 일찍 자버리고, 또 어떨 때는 놀기만 하다고 늦게 자는 학생은 1등급이 될 수 없습니다. 일주일에 똑같이 50시간을 공부하는 두 학생이라고 하더라도 매일 정해진 시간에 일어나고 정해진 시간에 자는 학생이 하루는 10시간을 공부하고 다른 날은 5시간 공부하는 학생보다 더 공부를 잘합니다. 규칙적이고 안정적인 하루를 보내는 학생이 집중을 더 잘하기 때문입니다.

스포츠 선수 중에는 정해진 루틴대로 사는 사람이 많습니다. 그래야 컨디션을 항상 일정하게 살 수 있기 때문입니다. 일본의 프로야구 선수인 이치로는 메이저리그에서 활동할 때 항상 점심으로 페퍼로니 피자를 먹었다고 합니다. 그 피자를 좋아해서가 아닙니다. 언제 어디서든 똑같은 식사를 하는 루틴을 가지기 위해서입니다. 미국 어디에서고 페퍼로니 피자는 항상 구할 수 있었기 때문입니다. 자기가 좋아하는 음식을 먹으면 더 좋겠지만, 규칙적인 식사를 위해 하나의 메뉴만 고집한 것입니다. 식사까지도 일정하게 통제하는 그런 마음가짐과 루틴이 그를 최고의 야구선수로 만들어 주었습니다. 진심으로 야구에 몰입하려는 그의 태도가 말입니다.

규칙적으로 살아야 몰입할 수 있습니다

규칙적으로 살면 지금 이 순간에 무엇을 해야 하는지가 명확해집니다. 따로 찾아보거나 기억하려 하지 않아도 됩니다. 우리는 일을 시작할 때 준비 동작이 길어지는 경우가 많습니다. 공부가 습관이 되지 않은 친구들은 공부를 한 번 하려면 부산스럽게 이것저것을 많이 합니다. 괜히 책상도 닦고, 문제집도 찾아야 하고, 필통도 다시 정리합니다. 정해진 시간에 정해진 장소에서 규칙적으로 공부하는 학생은 이럴 필요가 없습니다. 그 시간이 되면 몸과 마음이 다 준비되어 있기 때문입니다. 자기 전에 오늘 공부한 것 중 암기 사항을 외우는 루틴을 세운 학생은 그 시간이 되면 자연스럽게 암기할 것을 손에 들고 읽어나갑니다. 외우기 위해 굳이 쓸데없는 노력을 들이지 않아도 됩니다. 규칙적인 삶은 이처럼 공부를 쉽게 만들어줍니다.

운동도 마찬가지입니다. 건강을 위해 매일 밤 9시에 스트레칭을 하는 루틴을 만들면 그 시간에는 저절로 스트레칭을 시작하게 됩니다. 독서도 그렇습니다. 방학 중에 아침 9시에 줌으로 같이 독서를 하는 모임을 했던 적이 있습니다. 줌으로 연결한 채 조용히 각자 30분 동안 책을 읽는 온라인 모임이었는데 시간을 정해놓고 같이 책을 읽으니 아주 효과가 좋았습니다. 그 시간이 되면 애들도 알아서 줌을 켜고 책을 읽기 시작했습니다.

이게 가능했던 것은 규칙적인 삶이 몰입을 만들어주기 때문입니다. 몰입하려면 잡생각이 사라져야 하는데 규칙적인 루틴은 바로 독서, 공부, 운동에 빠져들게 만들어줍니다. 루틴은 하기 싫은 마음, 게으름을 차단해줍니다. 집중할 수 있는 환경을 만들어줍니다.

루틴으로 삶의 중심을 잡으세요

삶에 몰입하기 위해, 삶을 충실하게 살기 위해, 공부에 집중하기 위해 우리는 규칙적인 생활습관을 가져야 합니다. 공부는 기나긴 레이스이기 때문에 흐트러지기도 쉽고 유혹도 많습니다. 흔들리지 않고 꾸준히 공부해야 그 레이스를 무사히 마칠 수 있습니다. 이를 위해 필요한 것이 규칙적인 삶이고 태도입니다.

계획을 세우고 이를 지키는 삶이, 규칙적으로 루틴하게 지속하는 삶이 오랜 공부 생활을 버틸 수 있게 해줍니다. 규칙으로 생활의 기둥을 단단하게 세우면 공부를 하다 맞닥뜨리게 되는 슬럼프도 이겨낼 수 있습니다. 지금 하나라도, 사소한 것이라도 규칙적인 생활을 해 보세요. 단순한 루틴을 하나씩 쌓아나가세요.

8장

체력:
안 아파야 1등급

몸 힘들면
공부 못 해

    자녀를 대학에 보낸 부모님에게 "어릴 때 아이에게 뭘 시키면 좋을까요?"라고 물어보면 꼭 나오는 답변이 "운동"입니다. 대학입시를 앞두고 정말 열심히 공부해야 할 순간에 체력이 떨어져서 공부를 못 하는 경우가 있기 때문입니다. 고등학생 학부모끼리 얘기할 때 좋은 한약이나 비타민을 물어보는 일이 흔한 것도 이 때문입니다. 공부를 잘하려면 당연히 성실하고 열심히 공부를 해야 하는데, 그 성실함은 체력이 있어야 가능합니다.

고등학교 때 고1 성적이 좀 안 좋았지만, 고2 고3으로 올라갈수록 성적이 좋아진 친구가 있었습니다. 그 친구는 남들보다 더 많은 시간을 공부했고 더 오래 책상에 앉아 있었습니다. 그 친구의 남다른 체력이 이를 가능하게 했습니다.

중, 고등학교까지 운동선수로 뛰다가 부상 등의 이유로 뒤늦게 공부를 시작한 학생이 수능을 잘 보고 명문대에 입학했다는 뉴스를 볼 때면, 체력의 중요성을 다시 한번 깨닫게 됩니다. 남들보다 공부의 기초는 부족했지만, 체력의 기초가 튼튼했던 것이 그들의 공부 비법 중 하나입니다. 반대로 조금만 공부해도 자꾸 졸음이 오고, 눕고만 싶은 학생은 아무리 머리가 좋아도 성적이 좋을 수가 없습니다.

공부는 체력전이다

공부는 마라톤입니다. 100미터 경주가 아닙니다. 마라톤 선수는 오랜 시간을 규칙적으로 꾸준히 잘 뛰어야 합니다. 갑자기 100미터를 10초에 전력 질주한다고 마라톤에서 승리할 수 있는 것도 아닙니다. 당장은 뒤처져 보일지라도 꾸준히 성실하게 뛴 선수가 결국에는 결승점을 통과할 수 있습니다.

공부는 긴 레이스를 달리는 장기전입니다. 이때 가장 중요한 것이 체력입니다. 그 오랜 시간을 버티는 힘이 필요합니다. 당장 내일 시험을 치른다면 하룻밤은 어떻게 버틸 수 있지만, 시험은 한참 뒤에 있고 그 시간까지 꾸준히 공부하려면 체력이 바탕이 되어야 합니다. 그래서 공부는 체력전이 됩니다. 공부는 "밑 빠진 독에 물 붓기"와 같은데, 물이 빠져나가는 속도보다 물을 채우는 속도를 더 빨리 해야 독을 채울 수 있습니다.

여기 두 명의 고1 학생이 있습니다. A는 내신 5등급에 모의고사도 3~4등급을 주로 받습니다. 그런데 하루에 6시간을 꾸준히 공부할 수 있고, 실제로 그렇게 합니다. B는 내신도 1등급이고 모의고사도 1~2등급을 받습니다. 그런데 하루에 1~2시간밖에 공부를 못 합니다. 저에게 두 학생 중 누가 3년 뒤 더 좋은 입시 결과를 받겠냐고 물어본다면 저는 A를 선택하겠습니다. A는 3년 동안의 체력전을 버텨낼 체력이 있기 때문입니다. 체력이라는 무기가 없는 B는 고1 때의 좋은 성적을 끝까지 유지하지 못할 가능성이 큽니다.

실제로 외고에서, 고시촌에서 B와 같은 학생을 많이 봤습니다. 체력 관리를 제대로 하지 못해 원하는 결과를 얻지 못한 학생이 많습니다. 제가 외고에 다닐 때 아침 5시 40분에 일어나야 스쿨버스를 탈 수 있었습니다. 학교까지 1시간 넘게 걸리기 때문입니다. 밤 10시에 자율학습까지 끝내고 다시 스쿨버스를 타면 집에 11시 넘어 도착합니다. 씻고 이것저것 좀 하다 보면 12시 넘어 1시에나 잠에 들 수 있습니다. 하루에 5시간 정도 자면서 고등학교 3학년을 보내야 했습니다. 이렇게 공부를 하다가 체력이 뒷받침되지 못해서 흔들리는 친구들이 많았습니다. 처음 고시공부를 시작할 때는 큰 뜻을 품고 의욕적으로 책상에 앉아 있지만, 나태한 생활을 반복하다가 체력이 떨어지고 시험도 떨어지는 학생도 많이 봤습니다.

체력은 당장 지금부터

AI가 아무리 학습을 빠르게 잘한다 하더라도 전력 공급이 부족하면 머신러닝을 제대로 할 수 없습니다. 전력 사정이 좋지 않은 후진국에 최첨단 AI 연구센터를 지어줘도 그림의 떡에 불과합니다. 인간에게 체력은 AI에게 전력 공급과 같습니다. 이렇게 보면 공부에서 가장 중요한 것은 체력입니다. 끝없는 학습을 가능하게 하는 힘이 체력입니다.

체력을 언제 키워야 할까요. 바로 지금부터 키워야 합니다. 망설이고 고민할 시간도 없습니다. 지금 1분의 운동이 1년 뒤 1

주일의 운동보다 낫습니다. 체력은 점점 떨어지는 특성을 가지고 있기 때문에 당장 체력을 키우고, 체력을 유지하기 위한 활동을 시작해야 합니다.

뒤에서 자세하게 체력을 키울 수 있는 방법들을 얘기하겠지만, 지금 당장 시작해야 한다는 사실을 꼭 기억해주세요. 지금 이 책을 읽을 때도 책에만 집중하지 말고, 바로바로 실천해보는 것이 좋습니다. 허리라도 한 번 펴고, 고개라도 움직여주세요.

체력을 키울 수 있는 여러 가지 방법이 있습니다. 요약하면 잘 먹고, 잘 자고, 많이 움직이는 것입니다. 어떤 것을 먹으면 공부에 도움이 되는지, 잠을 잘 자기 위해 어떤 행동을 하면 좋은지, 조금이라도 효율적인 운동에는 어떤 것이 있는지를 앞으로 같이 살펴보겠습니다.

잘 자는 것도
공부다

수면은 사람에게 너무 중요합니다. 자는 시간은 낭비되는 쓸모없는 시간이 아닙니다. 예전에는 잠은 게으름의 상징이라고 봤습니다. 잠을 많이 자는 사람은 게으른 사람이고, 굶어 죽는다고 생각했습니다. 공부에 있어서도 잠은 최대한 줄여야 하는 대상이었습니다. 자는 시간을 줄여서 공부를 더 많이 해야, 성적이 오른다고 믿었습니다. 4시간 자면 시험에 붙고 5시간 자면 시험에 떨어진다는 '4당5락'이라는 말이 있을 정도였습니다. 학생이 늦은 밤까지 자지 않고 책상에 앉아 있으면 칭찬하는 분위기였습니다.

최근에 뇌에 관한 여러 연구를 통해 공부에 미치는 수면의 중요성이 밝혀졌습니다. 수면이 부족하면 공부를 잘할 수 없습니다. 수면은 공부에 있어 핵심적인 요소입니다. 잘 자는 사람이 공부를 잘할 수 있습니다.

자는 동안 기억이 정리된다

우리 뇌는 늘 일을 합니다. 우리가 깨어있을 때 뇌가 일을 하는 것은 당연합니다. 우리가 자고 있을 때도 뇌는 활동하고 있습니다. 수면을 하는 동안 뇌는 기억을 정리해줍니다. 하루 종일 우리는 머릿속으로 많은 정보를 집어넣습니다. 눈으로 보고, 귀로 듣고, 코로 냄새를 맡고 등등 오감을 통해 우리가 획득한 정보는 다 머릿속으로 들어갑니다. 이 중에서 일부는 즉시 사라지지만 어떤 정보들은 머릿속에 계속 들어있습니다.

뇌를 하나의 기억창고라고 생각해봅시다. 우리가 보고 들은 것들은 기억창고에 대충 쑤셔 넣어집니다. 넣을 때부터 체계적으로 넣으면 좋으련만 그게 잘 안 됩니다. 의식적으로 기억창고에 차곡차곡 쌓으려고 하지 않는 이상 정보는 뇌라는 기억창고 여기저기에 제멋대로 쌓입니다.

정리 안 된 정보가 정리되는 때가 바로 우리가 자는 순간입니다. 우리가 자는 동안 뇌는 기억창고 속 정보들을 분류하고 재배열합니다. 비유하자면 낮에는 창고에 물건을 넣기만 할 뿐이고, 밤에는 창고를 정리하는 것입니다. 물건이 아무리 많아봐야 잘 정리되지 않으면 필요할 때 찾아 쓰기가 힘듭니다. 물건의 효용 가치가 낮습니다.

기억도 마찬가지입니다. 하루 종일 아무리 많은 것을 공부해봐야 잘 정리되지 않으면 시험에서 써먹을 수 없습니다. 우리가 좋은 수면을 할 때 공부한 것이 잘 정리됩니다. 나중에 기억이 쉽게 나게 해줍니다. 낮에 하는 공부는 기억의 양을 늘려주고, 밤에 하는 수면은 기억의 질을 올려줍니다.

여기에 관여하는 것이 '해마'라는 기관입니다. 해마는 기억과 학습을 담당하는 뇌의 한 부분입니다. 단기기억을 장기기억으로 만드는 역할을 합니다. 해마가 제 기능을 잘하면 기억이 잘 정리되고, 더 오래 지속됩니다. 해마가 일을 못하면 우리는 공부를 못합니다.

해마의 활동에 있어 잠이 중요합니다. 잠을 자지 않으면 해마가 활동할 시간이 없습니다. 깨어있는 동안에 해마는 들어오는 정보를 처리하는 데에 집중해야 합니다. 잠을 자야 비로소 차분하게 해마가 기억을 더 잘 처리할 수 있습니다. 잠을 잘 때 느린 뇌파가 나오는 순간이 있는데, 이 느린 뇌파는 기억을 뇌가 처리하는 과정에서 나타납니다. 해마가 밤에 기억을 정리한다는 것을 확인할 수 있습니다. 게다가 잠을 안 자면 해마의 신경세포가 없어진다는 연구결과도 있습니다. 수면이 충분치 못하면 해마가 작동을 못 하는 것에서 그치지 않고 해마 자체가 사라져가는 것입니다. 잘 자는 것도 공부인 이유입니다.

잘 자야 체력이 회복된다

수면은 기억뿐만 아니라 체력에도 영향을 미칩니다. 잠은 우리의 몸과 마음을 회복시키는 중요한 역할을 합니다. 자는 시간은 버리는 시간이 아니라 몸과 마음을 재정비하는 소중한 시간입니다. 수면은 신체 회복, 호르몬 분비 등 여러 역할을 담당합니다. 잠을 잘 때 우리 몸의 장기가 회복되고, 손상된 세포가 제거되거나 복구됩니다. 제대로 수면을 취하지 못하면 신체 기능에 문제가 생길 수밖에 없습니다.

예를 들어 잠을 잘 때 우리 몸에서는 성장호르몬이 나옵니다. 이 성장호르몬은 이름과 달리 성장에만 관여하지 않습니다. 성장호르몬은 성장에 있어서 핵심적 요소이지만 우리 몸의 회복에 있어서도 꼭 필요한 물질입니다. 에너지 대사, 단백질 합성 등 여러 생명 활동을 담당하기 때문입니다. 성장호르몬이 부족하면 대사증후군에 걸릴 위험이 커지고, 손상된 뼈와 근육의 복구도 더뎌집니다. 충분한 수면을 취해야 성장호르몬이 잘 나오고 우리 몸도 건강해집니다. 몸이 건강해야 공부도 잘됩니다. 집중력 있게 공부할 수 있습니다.

잘 자기 위해서 해야 할 일

눕자마자 바로 잠이 드는 사람이 있습니다만, 대부분의 사람은 그렇지 못합니다. 어떤 사람은 잠드는 게 너무 힘듭니다. 잠을 잘 자는 것도 쉬운 일은 아닙니다. 숙면을 하기 위해 어떻게 해야 할까요?

우리가 가장 조심해야 할 것은 핸드폰입니다. 자기 전에 핸드폰을 붙잡고 있는 버릇은 숙면의 가장 큰 적입니다. 핸드폰은 잠을 방해합니다. 핸드폰에서 나오는 빛은 수면 유도 물질인 멜라토닌 분비를 억제합니다. 핸드폰을 계속 들여다보고 있으면 우리 뇌는 계속 깨어있게 됩니다. 수면을 취해야 하는데,

핸드폰 때문에 우리 몸은 잘 준비를 못합니다. 멜라토닌이 나와서 수면으로 들어가야 하는데 멜라토닌이 잘 분비되지 못합니다. 우리 몸은 어두워지면 잠이 들도록 진화했는데, 인공적인 빛을 계속 눈으로 보고 있으니 잠이 들기 어렵습니다.

그래서 잠자기 1시간 전부터는 핸드폰을 멀리해야 합니다. 다른 전자기기도 마찬가지입니다. TV, 컴퓨터도 같습니다. 가장 손에 닿기 쉬운 것이 핸드폰이라 대표적으로 문제 되는 것이지 모든 전자기기가 본질적으로 다 수면에는 방해가 됩니다. 인공적인 빛을 멀리하고, 전자기기를 몸에서 떼 놓아야 잘 준비가 됩니다. 같은 이유에서 형광등도 끄는 것이 좋습니다. 은은한 조명으로 바꾸는 것만으로도 우리 몸은 '잘 시간'이라고 느끼게 됩니다.

식사도 일찍 마쳐야 합니다. 야식은 당연히 피해야 합니다. 뭔가를 먹으면 우리 몸은 이를 소화하기 위해 계속 활동을 해야 합니다. 음식 소화를 위해 위장에 혈액이 쏠리면서 다른 신체 기관의 활동이 제한됩니다. 몸이 이완되어야 잠에 잘 드는데, 음식을 먹으면 잠들기가 쉽지 않습니다. 특히 카페인이나 자극적인 음식은 수면에 아주 좋지 않습니다. 이런 음식은 뇌를 자극하고 깨어있게 만들기 때문입니다.

그리고 낮잠을 너무 많이 자면 수면 리듬이 깨져서 숙면이 힘들어집니다. 밤에 잠을 못 자면 낮에 잠을 자서 보충하는 사람이 있는데 이는 악순환이 될 수 있습니다. 낮에 잠을 너무 많이 자면 밤에 잠이 오지 않습니다. 우리 몸의 수면 사이클이 흐트러지기 때문입니다. 적절한 낮잠은 피로 회복과 공부 효율에 큰 도움을 주지만, 너무 긴 낮잠은 수면과 공부에 방해만 됩니다. 10분 정도 짧게 낮잠을 자는 것까지는 괜찮지만, 그 이상으로 푹 자는 낮잠은 피해야 합니다.

잘 먹는 것도
공부다

뇌는 비효율적입니다. 연비가 좋지 않습니다. 연비란 자동차 운행에 사용하는 개념인데, 보통 1리터의 기름으로 얼마만큼 거리를 운전할 수 있는지로 표현합니다. 연비가 좋으면 같은 기름으로 더 멀리 갈 수 있습니다. 연비가 나쁘면 기름을 많이 써야 합니다. 뇌가 그렇습니다. 뇌는 무게로 따지면 약 1~1.5kg 정도인데, 평범한 성인 남성 기준으로 체중의 2~3%밖에 되지 않습니다. 그런데 소모하는 에너지양은 큽니다. 대략 사람이 쓰는 에너지의 20% 정도를 뇌가 사용한다고 하니 작지만 많은 에너지를 필요로 하는 기관이 뇌라고 할 수 있습니다.

잘 먹어야 공부할 에너지가 생깁니다

연비가 나쁜, 많은 에너지를 소모하는 뇌이기 때문에 잘 먹는 것이 중요합니다. 뇌가 필요로 히는 에너지를 충분히 공급해주려면 잘 먹어야 합니다. 먹지 않으면 단기적으로는 생존이 위험해지고, 장기적으로는 학습이 위험해집니다. 어느 쪽이든 우리에게 불리합니다.

아침에 늦잠을 자느라, 5분만 더 자고 싶어서 아침밥을 포기하는 사람이 있습니다. 밥 먹는 시간을 자는 시간으로 대체하는 경우입니다. 충분한 수면은 건강에 그리고 학습에 중요하기 때문에 이런 선택도 이해가 가지만 사실 좋은 선택은 아닙니다. 밥을 안 먹으면 공부 효율이 떨어지기 때문입니다.

저녁을 먹은 후 아침에 깰 때까지 아무것도 먹지 않은 우리의 몸은 음식을 필요로 합니다. 뇌는 특히 그렇습니다. 아침을 먹어서 몸과 뇌에 필요한 에너지를 공급해줘야 하는데 자느라고 아침밥을 포기해버리면 우리 뇌는 연료 없이 활동해야 합니다. 배는 고프고 머리는 멍하고, 밥 언제 먹나 하면서 시간만 들

여다보게 됩니다. 뇌가 잘 돌아갈 리 없습니다. 공부가 잘될 리
없습니다.

농촌진흥청이 전북대, 한국식품연구원과 함께 실시한 연구
에 따르면 아침 식사를 한 학생들이 정서적 안정, 학습능력 향
상, 신체적 건강 증진 등에 있어 식사를 하지 않은 학생들에 비
해 더 나은 결과를 보였다고 합니다. 학습능력을 평가하기 위
한 검사에서 한식으로 아침을 먹은 학생들이 아침을 거른 학생
들보다 더 높은 점수를 받았다는 것입니다.

잘 먹어야 앉아 있을 힘이 생깁니다

우리가 하는 대부분의 공부는 책상에서 이루어집니다. 언제
어느 곳에서도 공부를 할 수 있지만, 가장 많은 시간을 보내는
곳은 책상입니다. 의자에 앉아서 책을 보거나 문제를 풀거나
강의를 듣습니다. 공부를 많이 한다는 것은 책상 앞에 오래 앉
아 있다는 말이기도 합니다. 공부를 잘하려면 결국 의자에 계
속 앉아 있어야 합니다.

배가 고프면 앉아 있는 것도 힘듭니다. 제대로 된 식사를 하
지 않으면 책상에 앉아 있어도 집중이 안 됩니다. 잘 먹는 사람

이 앉아 있는 것도 잘합니다. 밥을 제대로 챙겨 먹지 않는 학생이 무슨 힘이 있어서 오래 공부할 수 있을까요. 오래 앉아 있는다는 것은 그만큼 체력이 좋다는 말이고, 체력의 기본은 먹는 것에서 나옵니다.

학부모들이 만나면 자주 하는 질문 중 하나가 요즘 뭐 먹고 다니냐는 것입니다. 봄에는 나른해서 입맛이 없고, 여름에는 더워서 입맛이 없고, 비가 오면 우중충해서 밥맛이 없고… 아이가 밥을 잘 안 먹어서 걱정이라는 부모님들이 많습니다. 안 먹으면 몸에 힘이 없고, 공부를 안 하게 되니까 부모님들이 걱정하는 것입니다.

이왕 먹을 거면 뇌에 도움이 되는 것으로

잘 먹는 것이 중요하다고 해서 아무거나 막 먹어서는 안 됩니다. 잘 먹는 것이 중요하기 때문에 오히려 음식을 가려 먹어야 합니다. 음식의 양이 아니라 질을 따져봐야 한다는 말입니다. 많이 먹으라는 말이 아니라 좋은 음식을 가려서 충분히 섭취해야 합니다. 『BRAIN FOOD』의 저자 우마 나이두는 "바람직한 식단을 선택하지 않는 경우가 잦으면 이는 정신 건강 문제로 이어진다."고 얘기합니다.

좋은 음식의 기본은 자기에게 잘 맞는 음식입니다. 사람마다 자기에게 잘 맞는 음식이 있습니다. 모두에게 잘 맞는 음식은 드뭅니다. 아무리 좋은 음식도 자기에게 맞지 않으면 좋은 음식이라 할 수 없습니다. 지금까지 살면서 먹어본 많은 음식이 있습니다. 그중에서 먹었을 때 자기에게 도움이 되었던 음식, 해가 되었던 음식이 무엇인지를 찬찬히 살펴보세요. 좋은 음식 구분은 거기에서부터 시작합니다.

이때 자기가 좋아하는 음식이 곧 좋은 음식은 아니라는 점을 주의해야 합니다. 보통 학생들은 달거나 자극적인 음식을 좋아하지만, 입에 맞는 음식이 몸에 맞는 음식은 아닙니다. 학생들이 즐겨 먹는 마라탕이나 탕후루 같은 음식이 몸에 좋은 음식은 아닙니다. 우리가 찾아야 하는 것은 자기 몸에 잘 맞는 음식입니다.

일반적으로 뇌에 도움이 되는 음식이라고 알려진 것들이 있습니다. 그중 몇 가지를 소개해 봅니다. 여러 연구를 거쳐 많은 전문가들이 공통적으로 추천하는 음식들입니다. 이런 음식을 하나씩 먹어보면서 자기에게 잘 맞는 음식을 찾아 나가면 됩니다. 수능처럼 중요한 시험이 다가오면 어떤 음식을 먹어야 하는지, 도시락을 어떻게 싸야 하는지 고민하게 되는데, 이렇게 자기 몸과 뇌에 잘 맞고 도움 되는 음식을 하나씩 확인해두면 그런 고민을 덜하게 됩니다. 수능이 아니더라도 평소에 이런 음식을 자주 먹으면 공부 효율도 그만큼 올라갑니다.

○ 유산균

뇌에 좋은 음식으로 가장 추천하고 싶은 것은 유산균입니다. 유산균이라고 하면 장에 좋은 거지 뇌에 직접적으로 영향을 주지는 않는 것 같다는 의문이 생길 수 있습니다. 반은 맞고 반은 틀립니다. 유산균은 장에 도움 되는 음식은 맞습니다만 뇌하고도 관련이 있습니다. 장 건강이 뇌 건강에 영향을 준다는 연구 결과가 많이 나와 있습니다. 장이 건강한 사람이 뇌도 건강하다는 얘기입니다.

장에는 다양한 세균들이 살고 있는데, 이러한 세균들이 뇌에 영향을 주는 호르몬을 만들어낸다고 합니다. 그중에서 세로토닌과 같이 뇌에 안정을 가져다주는 호르몬을 만들어내는 세균이 장에 많으면 뇌 건강도 좋아진다는 연구결과입니다. 이러한 호르몬이 있어야 스트레스가 완화되고 숙면도 가능해지기 때문입니다. 우마 나이두는 정상적인 장내 박테리아가 존재하지 않으면 도파민, 세로토닌과 같이 우리의 기분과 기억, 주의력 등을 조절하는 데 핵심적인 역할을 하는 물질의 생성에 타격을 입는다고 주장합니다.

또한 유산균을 잘 섭취하면 당연히 장 건강이 좋아집니다. 장 건강이 좋다는 것은 컨디션에 큰 영향을 미칩니다. 공부를 하다 보면 장에 문제가 생기는 경우가 흔합니다. 하루 종일 앉아 있는 시간이 길기 때문입니다. 변비가 있는 학생도 많고, 과민성대장증후군 등으로 배탈이 나는 경우도 자주 있습니다. 유산균을 먹으면 이러한 문제 해결에 도움이 됩니다.

요즘은 유산균 제품을 많이 판매합니다. 종류가 너무 많아서 선택에 어려움을 겪기도 합니다. 사람마다 잘 맞는, 자기에게 필요한 유산균은 다 다르기 때문에 이러한 제품을 먹을 때는 주의 깊게 골라야 합니다. 유산균은 제품이 아니라 음식을 통해서도 섭취할 수 있습니다. 요거트, 치즈와 같은 유제품을 많이 먹고, 김치, 된장과 같은 발효식품을 먹으면 됩니다. 유산균이 장에서 잘 활동할 수 있게 도와주는 식이섬유가 풍부한 음식을 먹는 것도 좋습니다.

○ 블루베리

과일 중에서는 블루베리가 뇌에 도움이 되는 음식으로 꼽힙니다. 블루베리가 가지고 있는 플라보노이드라는 성분이 인지력 저하에 효과적이기 때문입니다. 블루베리의 보라색을 만들어내는 색소인 안토시아닌은 활성산소를 없애주는 효과가 있습니다. 활성산소는 몸에 염증 등을 일으키는데 블루베리는 이를 제거하는 데 도움이 됩니다. 블루베리를 꾸준히 섭취할 것을 권유하는 전문가들이 많습니다. 앞서 소개한 유산균 섭취를 위해 요거트 등을 먹을 때 블루베리를 같이 먹으면 더욱 효과가 좋습니다.

○ 견과류

견과류도 뇌 기능 향상과 치매 예방에 도움을 줄 수 있습니다. 견과류는 뇌 건강에 좋은 건강한 지방과 항산화 성분을 제공해줍니다. 견과류에는 지방 중에서도 불포화지방이 많이 들어있는데 이러한 좋은 지방이 뇌의 활성화를 촉진할 수 있습니다.

견과류 중에서는 호두와 아몬드를 많이 추천합니다. 구하기도 쉽고, 영양 성분도 좋기 때문입니다. 이런 견과류는 식사로 먹어도 좋지만 간식으로 먹는 것이 더 낫습니다. 공부하다가 간식으로 인스턴트 식품을 먹는 경우가 잦은데 견과류를 먹으면 건강도 함께 챙길 수 있습니다. 견과류는 조금만 먹어도 포만감을 주기 때문에 과식을 방지하는 차원에서도 간식으로 적합합니다.

나쁜 음식을 가려 먹자

좋은 음식을 먹는 것도 중요하지만 더 중요한 것은 나쁜 음식을 먹지 않는 것입니다. 나쁜 음식을 가려 먹는 것만으로도 몸 건강과 뇌 건강이 좋아집니다. 적극적으로 좋은 음식을 찾아 먹기 힘들다면 나쁜 음식을 피하는 것이라도 해야 합니다.

○ 가공식품

가려 먹어야 하는 음식 중 대표적인 것은 가공식품입니다. 가공식품에는 과다한 설탕, 나트륨 등이 포함되어 있고 몸에 해로운 지방도 들어 있습니다. 이런 음식을 먹으면 우리 몸에 염증을 일으킬 수 있고, 뇌에도 안 좋은 영향을 미칩니다. 인지 기능 저하 및 기억력 감퇴와 같은 문제를 일으킬 수 있습니다.

또한 가공식품은 칼로리는 높지만 우리에게 필요한 영양분은 별로 없습니다. 당장 활동하기에 필요한 에너지는 얻을 수 있지만 장기적으로 우리 몸을 갉아먹을 위험이 있습니다. 그리고 가공식품은 우리 혈관에도 안 좋은 영향을 미칩니다. 가공식품 섭취로 혈관이 약해질 수 있는데 혈관은 뇌 안에서도 중요한 통로 역할을 하고 있으므로 혈관 문제는 뇌 기능 약화로 이어질 수밖에 없습니다.

○ 탄산음료

비슷한 이유로 탄산음료도 멀리해야 하는 음식에 해당합니다. 탄산음료에는 많은 설탕이 들어가 있는데, 이때의 설탕은 과당 형태로 되어있어서 우리 몸에서 더 빨리 흡수가 됩니다. 즉 혈당을 빠르게 상승시킬 수 있습니다. 이런 설탕 흡수와 혈당 상승은 뇌 기능에 치명적인 위험을 초래합니다. 치매와 뇌졸중 발생 위험이 증가하고, 기억력을 떨어뜨리기도 합니다.

햄버거나 피자 같은 패스트푸드가 특히 뇌 건강에 안 좋은 이유가 여기에 있습니다. 이런 패스트푸드에는 가공식품이 많이 들어가 있고, 보통 탄산음료를 같이 마시기 때문입니다. 당장 먹기에는 좋을지 모르지만 무심코 먹은 햄버거 세트가 우리 뇌를 망가뜨릴 수 있습니다.

운동하는 것도
공부다

　운동을 하면 건강해집니다. 이때의 건강은 신체 건강을 말합니다. 잘 지치지 않고, 힘이 세지고, 동작이 빨라지고 등등 운동을 통해 신체 기능이 개선됩니다. 뇌도 마찬가지입니다. 운동은 뇌 기능도 좋아지게 만듭니다.

　이는 인류의 진화과정을 살펴보면 알 수 있습니다. 인류는 움직이면서 살아왔습니다. 아니, 살기 위해 움직여 왔습니다. 당장 먹을 것을 구하기 위해 수 킬로미터를 걸어 다니거나 뛰어다녀야 했습니다. 운 좋게 식량이 될 만한 동물을 잡았다 하더라도 그걸 집으로 가져와 해체하고 먹는 데까지는 또 움직임이 필요했습니다. 한 줌의 열매를 따기 위해 한참을 걸어가는 일도 흔했습니다. 지금도 아프리카에서는 마실 물을 구하기 위해 몇 킬로미터 떨어진 우물을 찾아다닙니다. 이렇게 사냥과 채집을 위해 움직이던 유전자가 우리 인간의 몸에 자리잡고 있습니다. 우리 몸은 움직이도록 진화했습니다.

몸을 움직여야 뇌도 움직인다

그런데 현대에 와서는 움직일 일이 적습니다. 공부하는 사람은 더욱 그렇습니다. 학교나 학원을 갈 때도 차로 왔다 갔다 하는 경우가 흔합니다. 겨우 등하교 정도만 걸어 다니는 사람도 많습니다. 움직임을 전제로 뇌가 발달했는데 공부를 위해서 책상에 앉아 있는 시간이 너무 많습니다. 우리 뇌는 운동에 맞게 진화해왔는데 우리는 움직이지 않습니다.

운동을 하지 않으면 우리 뇌는 쪼그라듭니다. 비유적인 표현이 아닙니다. 운동을 통해 뇌에 주어지는 자극이 뇌를 활성화하는데, 운동을 하지 않으니 뇌에 들어가는 자극이 줄어듭니다. 뇌는 쓰지 않으면 퇴화하는 특성이 있습니다. 불필요한 곳에 뇌를 쓰지 않기 위해서입니다. 뇌는 효율을 추구합니다. 우리가 움직이지 않으면 뇌는 필요 없다고 판단해서 그 기능을 줄여버립니다. 이런 일련의 과정이 우리 뇌에 안 좋은 영향을 미칩니다. 뇌 기능이 약화됩니다.

뇌의 기능을 활성화하려면 움직여야 합니다. 운동을 해야 합니다. 운동을 하면 뇌에 혈액 공급이 원활해집니다. 뇌가 잘 움직일 수 있는 환경이 만들어집니다. 또한 운동을 하면 세로토닌, 도파민 등 긍정적인 역할을 하는 신경전달물질들이 생성됩니다. 이 물질들이 잘 뚫린 혈관을 통해 뇌에 전달되고 뇌 기능이 개선됩니다.

존 레이티와 에릭 헤이거먼은 『운동화 신은 뇌』라는 책에서 뇌를 젊어지게 하는 운동의 비밀에 대해 설명합니다. 이 책에는 0교시 체육수업을 실시한 미국의 한 고등학교 이야기가 나옵니다. 평범한 고등학교였던 네이퍼빌 센트럴 고등학교는 0교시 체육수업을 시작한 이후에 학습능력이 향상되었다고 합니다. 정기적으로 운동을 함으로써 생활습관이 개선되고, 건강이 좋아지면서 공부에도 긍정적인 영향을 미친 것입니다. 운동량과 기억력의 관계를 조사한 여러 연구에 따르면 학생이든 어른이든 노인이든 운동을 정기적으로 꾸준히 한 사람은 예외 없이 기억력이 개선되었습니다.

왜 운동을 하면 학습능력이 좋아질까요? 우리가 그렇게 진화했기 때문입니다. 앞서 살펴본 것처럼 우리는 움직여야 생존할 수 있었습니다. 생존은 뇌에 있어 가장 중요한 과제입니다. 따라서 생존을 위해 움직일 때 우리 뇌는 그 기능을 최대한 발휘하도록 진화한 것입니다. 그 진화의 기록은 지금도 우리 뇌에 새겨져 있습니다. 우리가 움직이면, 운동을 하면 뇌는 '아 지금 생존에 중요한 것을 하고 있군.'이라고 판단하고 열심히 활동을 하게 됩니다. 몸을 움직여야 뇌도 움직이는 것입니다.

몸을 움직여야 뇌도 성장한다

운동을 하면 학습능력이 좋아지는 것뿐만 아니라 뇌세포 자체도 성장합니다. 예전에는 두뇌가 어렸을 때만 성장하고, 나이가 든 뒤에는 더 이상 성장하지 않는다고 생각했습니다. 마치 키처럼 말이죠. 그러나 이제는 나이가 들어도 뇌가 새로 성장할 수 있다는 사실이 밝혀졌습니다. 성인이 되면 키는 더 이상 커질 수 없지만 뇌는 더 성장할 수 있습니다. 그 성장의 비밀이 바로 운동입니다.

술, 담배, 피로, 오염된 환경 등 여러 가지 이유로 뇌세포는 파괴되거나 사라집니다. 그렇지만 이들 뇌세포는 재생할 수 있고, 성장할 수도 있습니다. 운동을 통해서 말이죠. 키가 크려면 성장판을 자극하는 운동을 해야 하는 것처럼 뇌가 재생, 성장하려면 뇌를 자극할 수 있게 운동을 해야 합니다.

운동은 단순히 체력만 좋게 만들어주는 것에 그치지 않습니다. 뇌를 움직이게 하고 뇌를 성장하게 하는 최고의 방법이 바로 운동입니다. 어쩌면 운동의 본질적인 역할은 뇌의 활성화에 있을지도 모릅니다.

뇌를 성장시키는 운동

세상에는 많은 운동이 있습니다. 너무 많은 운동이 있습니다. 달리기, 윗몸일으키기처럼 맨몸으로 하는 운동도 있고, 농구, 축구처럼 구기운동도 있습니다. 필라테스나 요가 같은 운동도 있습니다. 어떤 운동이든 꾸준히 한다면 체력 향상에 도움이 됩니다. 체력이 좋아지면 뇌도 잘 움직이니 공부에도 좋습니다.

운동의 기본은 걷기

모든 운동을 다 할 수는 없습니다. 공부를 하면서 시간을 내서 운동을 해야 하는 것은 맞지만 현실적으로 쉽지 않습니다. 그래서 여기에서는 현실적으로 시간을 따로 많이 빼지 않아도 좋은 운동을 소개하겠습니다. 체력이 심하게 부족하거나 더 적극적으로 운동을 하려는 사람은 각자 여건에 맞는 운동을 선택하면 됩니다.

운동 중에서 가장 기본이 되고, 가장 손쉽게 할 수 있는 것은 '걷기'입니다. 직립보행을 하는 인간에게 가장 적합한 운동이기도 합니다. 걷기보다 달리기가 더 효과적이라고도 할 수 있지만 바로 할 수 있고 간편하다는 점에서는 걷기가 낫습니다. 달리기만 하더라도 복장, 신발, 장소 등등 챙겨야 할 조건이 많습니다. 걷기는 그렇지 않습니다.

걷기는 즉시 실행 가능합니다. 지금 당장 일어나서 신발을 신고 밖으로 나가면 바로 가능합니다. 평상시 생활에서도 쉽게 할 수 있습니다. 학교를 오가는 시간, 학원 가는 시간에 차를 타지 않고 걷는 것만으로도 운동 효과를 볼 수 있습니다. 밥 먹고 배가 부를 때, 공부하다가 집중이 안될 때 잠깐 밖에 나가 걷고 오는 것도 좋습니다.

걷기는 지금 바로 시작할 수 있으면서 운동 효과도 좋습니다. 걷기는 심장 근육을 강화하고 혈액 순환을 개선하여 고혈압, 심장 질환 등의 위험을 낮춰줍니다. 엔도르핀 수치를 높여, 스트레스와 우울증에도 효과가 있습니다. 독일의 철학자 칸트는 매일 정해진 시간에 산책을 했습니다. 철학은 생각을 골똘히 해야 하는 학문입니다. 항상 뇌를 써야 하는 대표적인 공부가 철학입니다. 철학자 칸트가 매일 산책을 한 것은 달아오른 머리를 식히기 위함이었습니다. 규칙적인 걷기는 칸트가 오랫동안 철학을 계속 공부할 수 있었던 비결이었습니다.

걸을 때는 걷기만 집중하는 것이 좋습니다. 뇌를 쉬게 하는 것이 목적이기 때문에 걸으면서 스마트폰을 봐서는 안 됩니다. 너무 많은 사람이 걸으면서 스마트폰을 보는데 이건 운동 효과를 떨어뜨립니다. 바른 자세로 걸어야 걷기 효과를 제대로 볼 수 있는데, 스마트폰을 보면서 걸으면 자세가 구부정해집니다. 또 스마트폰을 보면서 걸으면 시야가 제한되어서 위험합니다. 걸을 때는 허리를 똑바로 펴고 앞을 보고 제대로 걸어야 합니다.

효과를 높이려면 계단 오르내리기

걷기도 좋은 운동이지만 좀 더 효과가 높은 운동을 찾는다면 계단 오르내리기가 좋습니다. 같은 시간을 운동할 때 걷기보다 계단 오르내리기가 칼로리를 더 많이 소모시킵니다. 계단 한 칸 오를 때 약 0.15Kcal를 소모합니다. 2층 정도만 올라가도 꽤 많은 칼로리가 소모됩니다. 또한 계단 오르내리기를 하면 혈액 순환이 좋아지고, 무릎 주변 근육이 단련되어 하체가 튼튼해집니다. 계단 오르내리기는 유산소 운동이면서 동시에 무산소 운동이기 때문에 근력운동 효과도 볼 수 있는 것입니다.

걷기처럼 계단 오르내리기도 일상생활에서 쉽게 할 수 있습니다. 집, 학교, 학원 등 우리가 가는 대부분의 공간은 계단을 통해 올라갈 수 있습니다. 엘리베이터를 이용하는 게 보통이지만, 걸어갈 수 있는 층이라면 계단으로 올라가면 됩니다. 그게 바로 운동입니다. 운동을 한 이후에 공부를 하면 공부 효율이 더 올라갑니다. 그러니 학교나 학원을 갈 때 계단으로 올라가면 숨은 좀 찰 수 있지만 공부 효율은 좋아집니다.

다만 계단 오르내리기를 하면 안 되는 사람이 있습니다. 무릎 관절이 좋지 않은 사람입니다. 계단을 올라가면 무릎 주변 근육이 강화되지만, 이미 안 좋은 사람에게는 독이 될 수 있습니다. 무릎 상태를 잘 파악하고, 내가 감당할 수 있는지를 확인하고 계단 오르기를 해야 합니다.

실내에서 할 수 있는 스쿼트

공부를 할 때 의자에 계속 앉아 있다 보면 하체가 부실해집니다. 혈액 순환도 잘 안 되고, 허벅지에 살이 찌기 쉽습니다. 그래서 공부하는 사람에게는 하체 운동이 필요합니다. 전신운동을 할 수 없다면 하체에 집중하는 것도 한 방법입니다.

여러 가지 하체 운동 중 가장 손쉽게 할 수 있으면서도 운동 효과가 좋은 것이 스쿼트입니다. 스쿼트는 하체 근육을 키우고, 지구력과 균형감각 증진 효과가 있습니다. 하체 근육이 발달하면 혈액을 심장으로 더 잘 보낼 수 있게 되어 혈액 순환이 개선됩니다. 온몸으로 혈액을 보내는 것은 심장이 하는 일이지만, 몸에 있는 혈액을 다시 심장으로 보낼 때는 근육이 필요합니다. 특히 하체에 있는 혈액을 상체로 올려보내려면 하체 근육의 역할이 중요합니다.

스쿼트는 시간과 장소의 제한이 없습니다. 달리기나 자전거 타기 같은 실외 운동은 날씨의 영향도 많이 받는데, 스쿼트는 언제 어디서든 할 수 있습니다. 농구, 축구처럼 같이할 친구가 필요한 것도 아닙니다. 앉아 있는 자리에서 일어나서 바로 옆에서 스쿼트를 할 수 있습니다.

스쿼트를 너무 오래 할 필요도 없습니다. 사람에 따라 다르지만 한 번에 20개 정도가 적당한데, 스쿼트 20개는 1분 정도 소요됩니다. 공부하다가 잠깐 일어나서 1분만 스쿼트를 하면 충분합니다. 더 오랜 시간을 하지 않아도 좋습니다. 1분씩 자주 하는 것이 공부 효율에도 좋고, 우리 몸에도 좋습니다.

다만 스쿼트는 정확한 자세로 하는 것이 중요하기 때문에 자세는 신경 써서 배울 필요가 있습니다. 요즘은 유튜브에도 스쿼트 자세를 알려주는 좋은 동영상들이 많이 있습니다. 여러 개를 비교해보고 자기가 잘 받아들일 수 있는 동영상을 보면서 스쿼트를 제대로 배워보기 바랍니다.

잘 쉬려면
눈을 쉬게 하자

쉬는 것도 공부다

앞에서도 이야기했듯이 잘 쉬어야 공부를 잘할 수 있습니다. 1등급이라고 24시간 계속해서 책상에만 앉아 있는 것은 아닙니다. 늘 공부만 했기 때문에 합격한 사람은 없습니다. 적절한 휴식을 취한 사람이 공부를 더 효율적으로 할 수 있고, 결국 공부를 잘할 수 있습니다. 같은 시간을 들여도 더 좋은 결과를 낼 수 있는 사람이 더 공부를 잘하는 것은 당연합니다.

달리기 시합을 나가는 사람이 계속 뛰기만 하면 점점 기록은 안 좋아질 것입니다. 자신의 한계치까지 연습하고, 적절한 휴식을 해줘야 달리기 실력이 좋아집니다. 보디빌딩 선수들이 운동 중간 휴식 타임을 강조하는 것도 같은 이치입니다. 운동도 공부도 최상의 컨디션으로 하려면 잘 쉬어야 합니다.

어떤 학생은 쉬는 것에 죄책감을 느끼기도 합니다. 스터디카페에 갔는데 잠깐 딴짓을 하면 부모님께 죄송한 마음이 듭니다. 시험이 얼마 안 남았는데 지금 쉬면 뒤처질 것만 같은 기분이 들기 때문입니다. 이렇게 느끼는 것은 정상적인 반응입니다.

그렇지만 공부를 안 하고 노는 것과 적절한 휴식은 구분해야 합니다. 공부를 안 하고 놀면 시간 낭비이지만, 공부를 더 잘하기 위해 쉬는 것은 너무나 당연히 해야 하는 일입니다. 공부는 많은 에너지를 소모하기 때문에 적절한 휴식을 통해 에너지를 보충해줘야 합니다. 이를 위한 휴식은 매우 필요하고 중요한 공부법입니다.

눈부터 쉬게 하자

중요한 것은 잘 쉬는 것입니다. 어떻게 쉬어야 잘 쉬는 것일까요? 공부 중간중간 휴식을 취할 때 어떻게 쉬어야 할까요? 식사나 수면, 운동이 아닌 순수한 의미에서의 휴식에서 가장 중요한 것은 눈을 쉬게 하는 것입니다.

우리는 눈을 통해 많은 정보를 받아들입니다. 오감 중 눈이 차지하는 비중은 큽니다. 공부를 할 때도 밥을 먹을 때도 휴식을 취할 때도 눈은 계속 활동을 합니다. 눈으로 무언가를 본다는 것은 뇌가 활동한다는 말입니다. 눈을 통해 들이오는 시가 정보를 뇌는 실시간으로 처리합니다. 그것이 좋은 정보든 나쁜 정보든 눈에 보이는 것은 무엇이든 뇌를 움직이게 합니다.

공부하다가 쉴 때는 뇌를 쉬게 해줘야 합니다. 공부를 열심히 하다 보면 머리가 멍해짐을 느낄 때가 있는데, 일종의 과부하라고 할 수 있습니다. 이를 풀어주려면 뇌에 들어가는 정보를 줄여서 뇌의 활동을 줄여줘야 합니다. 눈으로 들어오는 정보를 차단하거나 줄여줘야 합니다. 눈 휴식이 필요한 이유입니다.

공부하다가 쉰다고 게임을 하거나 핸드폰을 들여다보게 되면 뇌가 쉬지 못합니다. 그것은 진정한 휴식이 아닙니다. 자기는 공부를 안 하니까, 뭔가 기분전환을 하니까 쉰다고 느끼겠지만 신체적인 의미에서 그건 휴식이 아닙니다. 뇌는 여전히 일하고 있습니다. 공부할 때보다 휴대폰을 볼 때 뇌는 더 많이 일하고 있습니다. 게임을 하거나 유튜브 숏츠를 볼 때 뇌에 더 많은 정보가 들어오기 때문입니다. 쉰다고 시간을 보내지만 피로는 풀리지 않습니다. 그래서 공부 중간에 쉴 때는 눈을 쉬게 해줘야 합니다

눈을 쉬게 해주는 좋은 방법은 쪽잠입니다. 고등학교 때 저는 학교에서 하루에 3번 정도 쪽잠을 잤습니다. 스쿨버스를 타고 일찍 등교했기 때문에 1교시 수업 시작 전에 10분 정도, 점심을 먹고 10분 정도, 저녁에 자율학습을 하다가 10분 정도 쪽잠을 잤습니다. 쉬는 시간에 딴짓을 하는 것보다 잠깐씩 눈을 붙이는 것이 가장 효과가 좋았습니다. 쪽잠을 자고 난 직후에는 공부도 더 잘되었습니다.

쪽잠이 여의치 않다면 눈을 감고 있기만 해도 좋습니다. 눈을 감고 멍하니 있는 것만으로도 눈의 피로, 뇌의 피로가 많이 풀립니다. 여기에 명상이나 단전호흡까지 해준다면 금상첨화입니다. 심호흡을 통해 몸에 많은 공기를 불어넣어 주면 몸의 피로도 잘 풀립니다.

쪽잠이나 눈을 감고 있는 것이 어렵다면, 먼 곳을 바라보는 것을 권합니다. 공부할 때 우리는 가까운 곳을 계속해서 보게 됩니다. 책이든 노트든 근거리에만 집중하는 것이 보통입니다. 이렇게 가까운 거리만 보고 있으면 눈이 더 피로해집니다. 쉬는 시간에 먼 곳을 바라봐주면 공부할 때와 다른 눈 근육을 사

용하게 되고, 이완시켜주는 효과가 있습니다. 이때 나무나 꽃과 같은 자연을 보는 것이 좋습니다. 사람의 뇌는 자연을 볼 때 안정을 느낍니다. 자연에서 살아온 시간이 많기 때문입니다. 삭막한 풍경보다 자연을 보는 것이 뇌 휴식에 더 좋습니다.

도구를 사용하는 것도 추천합니다. 눈 주위를 따뜻하게 해주는 것이 눈 피로를 풀어주는 데 좋습니다. 온찜질을 해주면 혈액 순환이 잘되면서 눈 피로를 풀어줄 수 있습니다. 불수건을 따뜻하게 만들어서 눈 위에 올려줘도 좋고, 따뜻하게 이용할 수 있는 안대와 같은 제품을 사용하는 것도 좋습니다.

최상위권이 되는 실전 학습 로드맵
1등급으로 가는 공부의 추월차선

초판 1쇄 발행 2025년 1월 17일

지은이 설공아빠(김성수)
펴낸이 최현준

편집 김정웅, 홍지희, 강서윤
디자인 김소영

펴낸곳 빌리버튼
출판등록 제 2016-000166호
주소 서울시 마포구 월드컵로 10길 28, 201호
전화 02-338-9271
팩스 02-338-9272
메일 contents@billybutton.co.kr

ISBN 979-11-92999-70-8 (03370)